子どもの自由な体験と生涯発達

子どもキャンプとその後・50年の記録

藤﨑眞知代・杉本眞理子

新曜社

Ｓグループ　３・４歳頃の子どもグループ
Ｎ女子大学のプレイルームで、スタッフに見守られて自由に遊んでいた。

子どもキャンプの地　神流川の清流（2015年８月 旧中里村魚尾）
この河原で子どもたちは、水泳、魚釣り、小石拾い、バーベキューなど存分に遊んだ。

Ｓグループ（小学校５年生） 長寿園に到着してすぐの様子
教室３つ分の長寿園の広い部屋。大勢の子どもたちが参加していた。

Ｓグループ（1986年５月 20歳）
『見えないアルバム』の表紙と出版記念パーティーのケーキ

Ｊグループ（小学校２年生頃）　古い木造校舎の長寿園
中里村に着くと、これから始まるキャンプにワクワクしながらこの坂道を登ったものだ。左の道は肝試しをした裏山へ続く。

Ｊグループ（小学校２年生頃）　長寿園の広い部屋で
マットレスは積んでもすぐに崩されていた。布団の山に飛び込んだり、布団蒸しに使われた。

Ｊグループ（小学校２年生頃）
中里村に隣接する上野村龍神の滝の豊かな自然のなかで思い切り遊んでいた。

神流川の河原　田ノ頭にて（2017年８月）
Ｓグループ40歳代、Ｊグループ30歳代になって再び子どもキャンプ地を訪ねるようになった。メンバー、スタッフとペットたち、時に第３世代も加わり、のんびりと語り合って過ごす。

はじめに

皆さんは、「生涯的縦断研究」をご存じだろうか。生まれてから死に至るまでの人間の一生を、長期間にわたり追跡して研究しようとする心理学の一つの試みである。世界を眺めると、いくつかの長期にわたる縦断研究がある一方、最近では、縦断研究と称しながら数年以内の追跡による研究が多く見られる。そのなかで本書は、我が国ではまれにみる、生まれてから50数年にわたる縦断研究の書である。

そして、これから本書で紹介するのは、心理学の長期縦断研究であるとともに、毎年の夏を山村での子どもキャンプで「子ども時代を真に子どもらしく過ごした経験」をもつ元子どもたちと、そのキャンプを支えたスタッフたち、そして母親たちの物語でもある。

1972年夏、群馬県多野郡中里村に子どもたちの「楽園」が出現した。神流川《かんながわ》の清流が流れる山村での生活。現在50歳を過ぎた元子どもたちが、「あれは天国だった」「別天地」と語る子どもキャンプの始まりである。

「楽園」といっても、廃校になった小学校分校の二階三教室をぶち抜いた畳敷きの部屋での、きわめて質素な生活の一週間。しかし、子どもたちにとっては、心底から自分らしく生きることのできる時間と空間。大人になって思い返した時の「楽園」である。

中里村での子どもキャンプは20年以上、毎年夏に一週間程度の日程で続けられた。この子どもキャンプに参加したのは、当時、N女子大学に勤務していた故古澤頼雄（発達心理学・臨床心理学）が東京で始めた「母子関係形成に関する追跡研究」の協力児たち30名あまり。キャンプを支えたのは、古澤に共鳴した同僚や児童臨床・幼児教育の実践者、医師たちと大学院生・学部学生たち、延べ80名を超えるスタッフたち。彼らは、「大人自身の心的展開なくして子どもの成長はない」をテーマに、子どもたちとの関わりを「人間関係体験の場」（Human Relationships Laboratory：以下ＨＲＬと記す）と考え、子どもが自分の行動は自分で決めること、すなわち子どもの自己決定を尊重する大人の在り方を真摯に追求した。

当時、客観性を重視する、いわゆる〝科学的心理学〟では、発達は青年期までのことで、青年期以降の発達はあまり考えられていなかった。また、〝科学的心理学〟では、対象を客観的に観察すべきであり、研究者と対象者が直接関わり合うことは避けるべきであると考えられていた。ところが、古澤は追跡研究を続けるなかで、初めての子育てに不安を感じ、専門家の意見を求める母親たちを前に、研究者は研究への協力を依頼した以上、協力者の人生により良い関わりを目指す責任がある、と考えるようになる。こうした発想のもと、古澤は、協力母子と研究者とが意味ある関わり合いを継続する場としての子どもグループ、母親グループ、そして「子どもキャンプ」を創出し、ＨＲＬ活動として継続したのである。これは当時としては無謀な挑戦であったし、協力母子と生涯にわたる関わりとなる「生涯的縦断研究」への道を切り開いていくことにもなったといえよう。

本書は、長期にわたる研究協力を承諾した母親たち（第一世代協力者）と、生まれながらにして協力児となった子どもたち（第二世代協力者）と、子どもキャンプを支えたスタッフたちが、これまでに蓄積してきた手記と語りの記録がもとになっている。したがって、子どもたちが20歳の時にまとめた『見えないアルバム』（古澤編 1986）の姉妹編でもある。

ところで、私たちは、この時期の子どもたち（シニアグループ、以下Sグループと記す）から10年ほど経ってから、二つ目のグループ（ジュニアグループ、以下Jグループと記す）を立ち上げ、同じような活動を行ってきた。Jグループの子どもキャンプは1996年に終了したが、子どもたちとスタッフは、その後も折に触れて関わり合ってきた。そして、このような我が国でもまれな50年あまりに及ぶ生涯的縦断研究のなかで、キャンプに参加した子どもたちと母親たち、研究者とスタッフたちが、互いに対等に語り合う関係へと発展してきた。本書は、現在の時点でそれぞれが語り、綴る貴重な体験とそれに基づく提言である。


本書は、大きく三つのパートに分かれている。

まず、パートⅠでは、私たちが試みてきた子どもキャンプについて概要を紹介する。1章では、子どもキャンプを大まかに眺め、2章では、私たち大人が子どもキャンプで大切にしたことについてみていく。3章では、子どもキャンプの具体的な様子について、さらには参加していた子どもたちが思春期を過ぎて、生まれながらの協力児から自らの意志で参加する積極的参加者（メンバー）になっていった経過について述べる。

続くパートⅡでは、子どもキャンプのなかで実際に起こった出来事について、大人になったメンバーたちが振り返る。４章では、大人になったメンバーたちの具体的なエピソードに基づいた記述と語りの内容から、子どもキャンプの様子を描き出す。５章では、中年となったメンバーたちが子どもキャンプを振り返り、語った内容から、彼らのこれまでの人生と子どもキャンプの関わりについて眺める。６章では、６名のメンバーのライフコース（人生）のなかで、子どもキャンプ体験の影響についてみていく。

さらに、パートⅢでは、スタッフや母親が、子どもキャンプをどのように振り返っていたかを扱う。7章では、子どもキャンプを支えてきた大人、すなわちスタッフたちと母親たち、特に年を重ねてきた母子にとって、子どもキャンプがどのようなものであったのか、その意味に焦点を当てている。

最後に、終章では現在の我が国の子どもの育ちの現状を踏まえ、50年に及ぶ私たちの経験から「一人一人の子どもがその子らしく生きる」ために重要と考えることを提言する。

生まれた時から運命的に「研究協力者」となっていたメンバーたちと子どもキャンプで共に過ごしたスタッフたち、それを見守ってきた母親たちとの長年にわたる関わり合いの変遷から、子どもと大人の関係において大切な「基本姿勢」を読み取っていただければ幸いである。

２０２1年3月6日

藤崎眞知代
杉本眞理子

目次

活動の概要

本書への案内として、古澤が創始し、現在まで50年あまり継続している「生涯的縦断研究」において行ってきた活動の概要を以下に示す（表1参照）。

Sグループに続き、約10年後にJグループの縦断研究が開始された。3歳から子どもグループと母親グループ、5歳から子どもキャンプが実施されたことは、両グループで共通している。

一方で、Sグループ独自の経過として、母親（第一世代）向けに通信『創生』を発行し、また子ども（第二世代）が20歳時点で、それまでの中里子どもキャンプ体験について、子どもとスタッフがそれぞれに話し合ったことをまとめた『見えないアルバム』（古澤編 1986）を刊行した。Sグループでは子どもたちが社会人となった1992年に、Jグループでは子どもたちが高校生の1996年に、キャンプはいずれも終了した。

子どもキャンプ終了後、Jグループも成人期に至り、Sグループ、Jグループの縦断研究は融合し、合同で活動を展開するようになった。2007年には、メンバーとスタッフによる中里子どもキャンプ体験の意味の振り返りと母親の手記を冊子『「続 見えないアルバム」刊行のための寄稿集：HRL40年の歩み』（杉本・上野編著、以下寄稿集と記す）にまとめた。また、キャンプに替わって、両グループのメンバー（第二世代）とスタッフが語り合う合同ミーティングを集中的に行った後に、合同ミーティングを定期的に年数回もつようになった。さらに、母親の個別インタビュー（質問紙を含む）

表１　２つのグループとスタッフの活動内容

	Sグループ	Jグループ	スタッフ
募集手続き			母親学級での依頼
縦断開始年	1965年	1976年	
1 胎児期	母親面接	家庭訪問による母親面接	
2 乳児期	健診時面接	家庭訪問	
3 幼児期・児童期（子ども）			定例ﾐｰﾃｨﾝｸﾞ
	子どもｸﾞﾙｰﾌﾟ	子どもｸﾞﾙｰﾌﾟ	子どもｸﾞﾙｰﾌﾟ
	母親ｸﾞﾙｰﾌﾟ	母親ｸﾞﾙｰﾌﾟ	母親ｸﾞﾙｰﾌﾟ
1970年～1975年	通信『創生』		通信『創生』
	子どもｷｬﾝﾌﾟ（1971年～）	子どもｷｬﾝﾌﾟ（1982年～）	子どもｷｬﾝﾌﾟ（1971年～1995年）
4 思春期・青年期（子ども）			定例ﾐｰﾃｨﾝｸﾞ
	子どもｷｬﾝﾌﾟ	子どもｷｬﾝﾌﾟ	子どもｷｬﾝﾌﾟ
1986年(20歳)	『見えないｱﾙﾊﾞﾑ』（母親の手記を含む）		『見えないｱﾙﾊﾞﾑ』
5 成人期（メンバー）			定例ﾐｰﾃｨﾝｸﾞ
2007年	『「続 見えないｱﾙﾊﾞﾑ」刊行のための寄稿集：HRL40年の歩み』（両グループのメンバーと母親、及びスタッフの手記）		
［Sｸﾞﾙｰﾌﾟ：40歳代	←第2世代とスタッフの集中合同ミーティング→		
Jｸﾞﾙｰﾌﾟ：30歳代］	←第1世代個別インタビュー(質問紙を含む)→		
2011年	←古澤頼雄先生を偲ぶ会→		
	←子どもキャンプ地訪問→		
6 成人期（メンバー）			定例ﾐｰﾃｨﾝｸﾞ（2018年まで）
			集中ﾐｰﾃｨﾝｸﾞ
現在［Sｸﾞﾙｰﾌﾟ：50歳代	←第2・第3世代とスタッフの合同ミーティング(年数回)→		
Jｸﾞﾙｰﾌﾟ：40歳代］	←子どもキャンプ地訪問→		
	←第1・第2世代の個別インタビュー→		
	←第2世代の家庭訪問・家族との交流→		
	←農業体験→		

他、子どもキャンプ地訪問、メンバー（第二世代）の個別インタビュー、メンバーの家庭訪問と家族との交流、そして２０１８年からは農業体験が行われるようになった。

この間、スタッフは２０１８年までの50年間にわたり定例ミーティングを行ってきた。そのなかで、スタッフにとっての子どもキャンプ体験の意味について振り返り、語り合い、手記にしてきた。

本書は、通信『創生』の掲載内容、『見えないアルバム』と『寄稿集』に寄せられた手記、Ｓグループのメンバーとスタッフとの合同ミーティング、２０１１年９月の古澤先生を偲ぶ会、母親の手記、スタッフによる手記の他、両グループの母親やメンバー（第一・二世代）との個別インタビューでの語りに基づくものである。いずれも分かりやすいように表現は一部変えているところがある。

なお、二つの縦断研究には公的機関からの研究助成金を複数回得ている。子どもキャンプについては、子どもたちの参加費とスタッフの参加費の他、保護者からの年間賛助費の援助があった。

用語の説明

読者に本書の内容をより理解していただけるよう、本文中に出てくる用語についての私たちの考え方、および個人を区別するための記号について、以下に説明を加えたい。

ＨＲＬ（Human Relationships Laboratory）

古澤頼雄が仲間と共に１９７１年から行った子どもキャンプ（開始時協力児５歳）で、共同生活を通して「自分と他者との関わりを体験する場」を意味する言葉。当初は主な活動であるキャンプの場を表現する言葉として用いていたが、子どもたちが大きくなるにつれて、キャンプだけでなく、活動の総称として用いられるようになっていった。子どもたちが30歳代となって以降、現在では、旧中里村の日帰り訪問等、年間数回の活動を行っており、それらの活動も総称してＨＲＬと呼んでいる。

また、Laboratory は、もともと Labor を語源とする英語であり、Labor は労働したり生産したりすることを意味する。そうした意味から Laboratory は、実験室という意味よりむしろ共同生産、あるいは共同生活という意味に理解でき、そうした共同生活の場での関わり合いのなかでこそ、真の人の心の動きを捉えることができると考える。

中里キャンプ・子どもキャンプ

群馬県多野郡中里村（現神流町）魚尾《よのお》にあった村営施設「長寿園」において、1972年から毎夏、継続的に実施してきた子どもキャンプをさす。Sグループのキャンプで中里村で行っていない場合は、その場所名を中里の替わりに明記している。軽井沢キャンプ（1971年夏、5歳）、岩井キャンプ（1972年春、6歳）、西湖キャンプ（1979年、中学校2年）がある。

裏山の安全性等から長寿園は1993年を最後に使用禁止となり、その後、バンガローと公民館等での試みを経て、Jグループの子どもキャンプは1996年に終了した。

シニアグループとジュニアグループ

シニアグループ（Sグループ）は、1965年9月より1966年2月にかけて都内A病院で出生した子どもたちであり、ジュニアグループ（Jグループ）は、1976年7月より1979年12月にかけて都内N病院で出生した子どもたちである。なお、Sグループには、途中からさらに数名の子どもたちが加わった他、後述の相談室に通う子どもたち6名が加わった。

スタッフ

HRL活動のなかで、特に子どもキャンプにおいて、子どもと直接・間接に関わる、子どもたちの家族以外の大人のことをいう。HRL活動への入会・退会は自由であるが、参加している限りは、子どもとの触れ合いの場だけでなく、スタッフ・ミーティングとスタッフ合宿に出席することを約束事にしている。スタッフの構成は当初N女子大学の教員、大学院生がほとんどであったが、その他にも次第にスタッフから勧められて参加する人が現れた。第六回中里キャンプ頃までは、大学院生、学部生として一時期参加するスタッフもいたが、その後はほぼ固定したメンバーである。２０２０年の現在までに参加したスタッフは、延べ80名以上に及び、年齢も現在では50歳代から70歳代となっている。

なお、子どもキャンプに限らず、ＨＲＬ活動全般、および一般に大人の在り方等を論じたり、言及したりする場合は「大人」とした。

子ども（たち）、メンバー（たち）

シニアグループとジュニアグループの子どもたちは、中学生以後の個人については、「子ども」というよりもむしろ「若者、青年」と表現するのが適切と考えられるが、本書では青年期までを「子ども」と記している。彼らが生まれ育った家族から、あるいは社会的に独立してから、特に30歳代以降は、「メンバー（たち）」と表現している。大人になった子どもたちを「元子ども」と表記する場合もある。

相談室の子ども

シニアグループの子どもたちが小学校5年生の時から子どもキャンプに、神奈川県のS相談センター精神衛生相談室に通っている自閉的傾向のある子ども6名が参加するようになった。彼らの障がいの程度はさまざまである。彼らの参加に伴い、相談室相談員もスタッフとして参加するようになった。

彼らのうち半数は相談室との関わりが終わった段階でＨＲＬへも参加しなくなり、相談員のＨＲＬへの参加は勤務ではなく、任意となった。

経験と体験

個人が感覚器官を通して即時的に起こす興奮を「経験」という。これに対して「体験」というのは、経験をもとに永続的に起こる個人内の主体的変容を意味すると考える。文中では、語りや記述においては必ずしも「経験」と「体験」がこのような意味で区別されているとは限らない。

『創生』

１９７０年６月より１９７５年７月まで、母親向けに不定期に発行した通信の名称。これには、中里子どもキャンプの趣旨、子ども・大人関係に関するスタッフの考え、中里子どもキャンプや母親グループ等の母親の感想、母親への連絡事項等を掲載し、全13号まで発行された。『創生』に載せられた記事のいくつか、あるいは一部は、本書の文中に転載されている。

会話と対話

会話とは、二人以上の人が集まって互いに話すことであり、日常生活における話のやりとりに重点が置かれる。

対話とは、二人、あるいはそれ以上の者同士が、互いに独立した存在として認めた上で、互いの考え等を語り合うことである。そこでは他者との間で体験の意味を共有し、新たな意味を生成することになる。

縦断研究（生涯的縦断研究）と横断研究

縦断研究とは、特定の個人や集団を時間経過を追って、繰り返しさまざまな資料を得ることで、個人、あるいは集団の変化過程を明らかにしようとする研究方法をいう。特に生涯的縦断研究という場合は、出生から何十年という単位で長期にわたりその人の生涯にわたる発達過程を明らかにすることを目指すものである。

横断研究とは、ある時点で異なる年齢の多くの人々について資料を得て、それらの資料に基づいて年齢による相違を明らかにしようとする研究方法である。

個人の記号

本書に手記を寄せた、あるいは合同ミーティングや個別インタビューで語った個人の識別は、アルファベットと漢字で以下のように表記している。

メンバー：シニア（アルファベット大文字）、男性：X夫、女性：X子

ジュニア（アルファベット小文字）、男性：x夫、女性：x子

母親：子どもの記号の前にMをつける。例：シニア男性メンバーの母親：MX夫

父親：子どもの記号の前にFをつける。例：シニア女性メンバーの父親：FX子
スタッフ：最初のSの次に、アルファベット大文字。例：女性のスタッフ：SX
男性のスタッフ：SX男

I

私たちが試みてきた子どもキャンプ

子どもたちが「子ども時代を真に子どもらしく生きる」ことを目指し、大人たちは、ひたすら子どものやりたいことの実現を支えてくれる、今考えると「楽園」のような子どもキャンプ。緑深い山々に囲まれ、神流川の清流が流れる山村で、１９７２年から毎年夏、20年以上も続けられた子どもたちとスタッフたちの一週間の生活。それはどのように始まり、どのように行われていたのだろうか。その背景にはどのような考えがあったのだろうか。

1章　子どもキャンプとは

1　子どもキャンプの誕生

そもそもの発端は、古澤が人間の心の成長を長い目でみたいと考え、１９６５年に都内A病院で、第一子の出産を予定している母親たちに、「長い期間にわたって子どもの成長を追跡する研究」への協力を呼びかけたことにあった。古澤は仲間と共に、趣旨に賛同し協力を承諾してくれた母親たちに、出産前二〜三か月の時点で、現在の心境、産まれてくる子どもへの期待、子育てについての考え等を中心に尋ねることから始めた。そして、出産後は、病院で行われる二か月毎の保健指導後に、子どもの成長と子育ての様子を聞き取っていった。

さらに、子どもたちが3歳になると、母親の言葉のみによって間接的に子どもたちを知るのではなく、もっと直接子どもたちに触れ合う機会をもとうと、「子どもグループ」を発足させた。隔週土曜日に、協力母子に古澤の勤務校N女子大学のプレイルームに来てもらい、一時間半程の自由な遊びの場をもった。プレイルームで遊ぶ子どもたちの様子は、ワンウェイミラーから観る他、ビデオでも録画した。同時に、子どもを待っている母親を対象として「母親グループ」も実施した。母親グループでは、子どもたちの遊ぶ様子の録画を見たり、講師を招いた講演会もあったりしたが、主として古澤が同席し、母親同士が自由に話し合った。

このように継続的に母親と子どもに触れ合っていくなかで、古澤の意識は徐々に変化していった。当時の心理学ではごく一般的であった「研究者は常に対象を第三者的に見ることに終始すべきである」という構えから、協力していただく母子への研究者自身の影響を十分に意識し、「自分の関わりが長い目でみた時、協力母子にとっても意味あるものとする」という姿勢への変化であった。

こうして古澤はより積極的に、子どもたちとスタッフたちが直接関わる「子どもキャンプ」という共同生活の場を中心としたＨＲＬ活動の実現に向かっていった。「子どもキャンプ」としたのは、それまでの日常生活での親子関係から離れて、子ども自身が自分で判断し、行動することができるように、と考えたからである。

2　子どもキャンプの一日

読者が子どもキャンプをイメージできるように、まず、典型的なキャンプの一日を描いてみよう。

子どもキャンプの朝、5時、「ねえ、虫取りに行こうよ、起きて！」と男性スタッフを起こしにかかる子どもたち。夜のスタッフ・ミーティングが終わってまだ三〜四時間しか経っていない。しかし、子どもにせがまれれば、どんなに寝不足でも、大抵のスタッフは子どもにつき合う。

6時、食事当番のスタッフたちが仕事を始める。ご飯を炊き、大きな寸胴鍋に麦茶を作り、おやつのトウモロコシやジャガ芋をゆで、パンやサラダの朝食の準備をする。炊きあがったご飯で、昼のおにぎりを50人分も作る。その間、一人、また一人と子どもやスタッフが起き出してくる。何時に起きるという決まりはない。寝ていたければ、寝ていてもかまわない。

8時、朝食の準備が整い、食べたい子どもとスタッフは朝食開始。そこで今でも皆が思い出すのは、紙カップに入ったソントンのジャムやチョコレート。好きなだけ塗って頬張る。子どもキャンプでは、「食べたくないものを食べなくて良かったことがすごく幸せだった」と語った元子どもがいた。日常生活ではきっと、好き嫌いが激しく、嫌いなものも食べなくてはいけなくて、辛い思いをしていたのだろう。

掲示板には今日できることが示されている。登山、化石採り、水泳、魚釣り、野球大会、テントで泊まる、長寿園（宿舎の名称）にいる … 等々。子どもたちは、前夜のうちに各自どこに参加したいか名札を貼って示している。夜のスタッフ・ミーティングでは、子どもたちの翌日の希望を見て、スタッフの配置を決める。もちろん、変更は可能だ。

9時、遠出をする子どもとスタッフは、おにぎりと麦茶、缶詰等を持って出発する。川原に魚釣りや泳ぎに行く子ども、何をするともなく長寿園に留まる子ども。何をしてもいいし、何もしなくてもいい。

これがこの子どもキャンプの特徴だ。

夕方、遠出から帰って来た子どもやスタッフで長寿園は賑やかになる。誰が言い出すともなく、庭で鬼ごっこやボール遊びが始まる。室内では、おしゃべりをする子ども、絵本を読む子ども、女性スタッフを標的に布団を何枚も重ねる長寿園定番〝布団蒸し〟に興じる子どもたちもいる。布団の下に押し込まれたスタッフは、必死で抵抗するほかない。

夕食、入浴、就寝、どれも好きな時間に好きなようにすればいい。子どもたちが疲れて眠った頃、夜のスタッフ・ミーティングが始まる。しかし、ミーティングが終わる頃になっても起きている子どももいる。ある時には、スタッフがミーティングを終えて大部屋に戻ると、薄いマットレスをマントのように肩にかけ、寝ている人を飛び越えながら広い部屋の端から端へ走っている子どもがいて、驚かされた。

ＨＲＬの子どもキャンプには、決まりはほとんどない。子どもがやりたいことをやりたいようにやるのを、スタッフは懸命に支える。子ども時代の「自分の行動は自分で決める」ことができるこうした子どもの生き生きとした体験を支えるためには、大人の側の共通理解と自己吟味、念入りな準備が必要であった。次に、私たちが試みてきた子どもキャンプで大切にしてきたことについて述べていく。

2章　子どもキャンプで大切にしてきたこと

私たちが子どもの成長において最も重視しているのは、子どもがどのようにして唯一無二の特性や特徴をもつ独自の自分（自己）を形成していくかという点である。この自分を確かなものにしていくという過程は、集中的に自分の内面に目を向ける青年期の問題とみられることが多い。しかし、このような営みは、この時期になって突然に現れるものではない。乳児は乳児なりに、幼児は幼児なりに、そして、児童は児童なりに、自分の心に生じる動きをその子なりに表現している。青年期のようにまだ自分の姿を外側から眺め、意識するようにはなっていないにしても、誕生直後からその子なりの自分をさまざまな形で表現している。

ところで、このように子どもが自分を表現するのは、決して子ども一人だけで成り立つものではない。子どもの表現を周囲の大人がどのように受け止め、子どもにどのように働きかけるかによって、その表現の仕方は一層強まったり、形を変えたりする。あるいは、自分の表現が全く相手に伝わらなかったり、否定されたりした時には、心の奥深くにしまい込まれてしまうこともある。つまり、子どもが自分をどのように表現するか、あるいはそれを押さえ込んでしまうかは、大人の関わり方によって変わっていく。誕生直後からのこうした子どもの表現を、大人が感受性豊かに汲み取っていくかどうかによって、両者にしっかりとしたコミュニケーションが成り立つか否かが左右されるのである。

ＨＲＬでは、大人が子どもの表現（心のメッセージ）をできる限り感じとり、子どもが自分の心の動きが十二分に大人に伝わっているという気持ちをもてるように心がけた。そして、このような大人の関わりがあって初めて、子どもはありのままの自分に目を向け、それを表現することができるようになっていくと考えたのである。

そこで、私たちが特に子どもキャンプにおいて、どのような子どもと大人の関係を実現しようとしたかをみていこう。

1　子どものやりたいことを実現する

子どもの表現をそのままに受け止め、子どものやりたいことの実現を大切にするために、私たちＨＲＬの大人が、子どもとの関係において配慮してきたことは次の三つにまとめることができる。

(1)　規制を最小限にし、子ども自身の決定を尊重する

ＨＲＬでは、子どもたち一人一人が「自分の行動を自分で考えて自分で決めること」を大切にしている。たとえば、後述する子どもキャンプでは、起床・就寝・入浴等の時間を生活の規則として設定

しなかった。食事も食べたくなければ食べなくてもいいし、時間をずらして食べてもいい。危険防止については最大限の注意を払っているが、キャンプ生活全般に大人があらかじめ定めた規則というものはできるだけ少なくしてある。いくつかの約束事も子どもの成長に伴って徐々に減らし、彼らに任せていった。これらのことは、子どもが自身の興味・判断に基づいて、より自由に自己表現する場を創り出すためである。

子どもの日常生活にみられる規制を、大人が「子どもはまだ自分でしっかり決められないのだから、大人のいう通りにするのは当然だ」と思って行っていることが少なくない。そこには、「子どもにはまだ無理だ。子どもの判断力は未熟だ」という、大人の思い込みが強いのではないだろうか。「自分で決めなさい」と子どもを突き放すのではなく、「この子は何をしたいのだろう？　どのようにやりたいのだろう？　この子のやりたいことを大切にしよう」という気持ちで見守り、援助する大人が傍らにいると、小さな子どもでもその子なりに自分で考えて決めることができると考える。

SM：子どもたち、初めの頃は、川の岸辺から少し入って行く程度でした。私たちはこう手をつないで鎖のようになって、子どもたちが流されないようにしていました。その時、N夫君だったかな、入りたいけれど、どうしようという顔で、じっとね、川の流れの真ん中辺を見つめていて、その時、5歳か6歳だったでしょうか、もう真剣に、川の流れを、じーっと見つめているその横顔を見て、幼いけれどこの迫力はすごいぞと思いました。彼は、結局、入りましたよ。ですから、自然を前にしたときの犬など動物と一緒で、本能的に大丈夫か、大丈夫でないか、でも行きたい、行く、という…。最後に決断するときの迫力、凄いですよ。尊敬しましたね、あの時は。そのとき踏み出す力は、やはり子どものなかから湧き出てくるのですね。自然と対峙して、自分で行こうと決めたのだと思いますね。

このエピソードは、大人の想像を遙かに超える子どもの自己決定力を物語っている。大人には、「大丈夫だろうか?」という思いがすぐに浮かぶ。大人の判断による規制を少なくすることは、大人にとってはなかなか難しい。子どもの自己決定を援助していこうとする時には、大人は自分のうちにあるこれまでの基準をいったんはずしてみることが必要となる。

(2) 子ども一人一人を分かろうとする

○君とスタッフ□がボール遊びをしていると、△君がボールを横取りして、○君と△君の喧嘩が始まってしまった。スタッフ□は、「△君が横取りするからだよ。△君、ダメだよ」と言いそうになる。しかし、ちょっと待て、と思い返す。△君は朝から自分と遊びたがっていた。ボール遊びもさっきから見ていた。△君のなかには自分も相手にしてほしい、遊んでほしいという思いがあるのではないか…。そう考え直すと、この場で△君を叱ってボールを○君に取り返す手伝いをする、あるいは△君に「他人の使っているものを横取りするのはよくないことだ」と教える、という気持ちがだんだんと変わってくる。そして、○君、△君の両方にとって、それぞれの気持ちが活かされるより良い対応はないか?と思いを巡らし、改めて争っている二人に語りかけてみる …。

このようなエピソードは、ＨＲＬではスタッフがよく経験してきたことである。子どもに大人の判断を押しつけたり、こうあるべきだと指導したりするのではなく、まず、目の前の子どもを分かろうとする大人として、その子との関係を結ぼうとする。このことに、スタッフはいろいろな場面で苦心を重ねてきたといえよう。

目の前の子どもを分かるということは、その子の気持ちをありのままに捉えることだろう。それはもちろん完全にはできない。しかし、そうあろうと努力することは可能である。ＨＲＬでは、大人が子どものありのままを認め、子どもが身近な大人に自分のことが分かってもらえたという経験を通して、子どもが安心でき、ありのままの自分に自信がもてる場、子どもと大人が相互に信頼し合える場を実現しようとしてきた。

(3) 子どもの活動の実現を支える

子どもと関わる時には、その子のやっていることに加わり、身体を、心を、共に動かす。特に子どもたちが幼い頃は、やりたいけれど自分一人ではできないことが多い。そこに大人が関わることでやりたいことが実現できることがある。大人が共に身体を動かして活動してこそ、子どもと共に嬉しさや悔しさを感じてこそ、子どもが「あぁ、自分を分かってくれる人だ。この人は信頼できる」という思いを抱くのではないだろうか。

20歳になった子どもは記している。

W夫：HRLのスタッフといったら、それはもう唯々やさしかった。HRLの子どもたちのなかには、親が働きに出ていたり、下の子どもに手がかかったりで、満足する程に大人に遊んでもらえなかった子どももかなりいた。そんななか、HRLの大人たちは、それこそ早朝から夜中までつきっきりで相手をしてくれた。早朝のカブト虫取り、釣り、本は幾らでも読んでくれた。遊んでくれるだけではない。失くし物があれば捜してくれる、病気になれば親身になって、つきっきりで看病してくれる。

HRLのスタッフたちは、子どもたち一人一人のやりたいことの実現のために、必要な時に手を差し伸べて精一杯支えることに努め、模索し、その上で、その関わりについて吟味することを大切にしてきた。

このように、①規制を最小限にし、子ども自身の決定を尊重する、②子ども一人一人を分かろうとする、③子どもの活動の実現を支える、これら三点は、HRLの子どもと大人の関係を築いていく上で本質的な部分であり、HRLの当初から大切にされてきたことである。

2　子どもキャンプでの大人の在り方

ＨＲＬの大人の在り方は、子どもの心の表現を感じとろうとし、子どもの心の動きに沿いながら、子どもに関わろうとする姿勢である。こうした基本姿勢は、主として毎月一、二回の定例スタッフ・ミーティングと、子どもキャンプ前後のスタッフ合宿で、実際の子どもとの関わりを繰り返し吟味することを通して形成されてきた。ここで、ＨＲＬの子どもに関わる大人自身の基本姿勢を整理してみよう。

(1)　子どもに接する時の自分の見え方・感じ方に気づく

日常生活ではよく、「○さんは優しい人だ」とか「△君は乱暴だ」といわれる。しかしそれらは、見方によっては「○さんは優柔不断だ」とか「△君は元気がいい」というように見えるかもしれない。そうするとこれは、「優しい○さん」「乱暴な△君」が絶対的にあるのではなく、その人には○さんや△君が「優しい」「乱暴だ」と見え、感じられている、ということである。同じ人、同じ言動でも、見る人によって、また時によって、さまざまに受け止められ、感じられているのである。

こう考えると、私たちが、いろいろな場で、いろいろな時に、「ある人」と触れ合ったり、「ある物事」を経験したりすることは、「その人、その物事が自分にどのように見えているか、感じられているか」という経験にすぎない。いわば、私たちは常に「自分の見え方」というフィルターを通してしか人（たとえば、子どもの言葉・行動）や物事に出会うことはできない。

それゆえに、HRLの大人は、子どもとの間で経験したことを、自分から切り離して考えるのではなく、まず自分自身の受け止め方（自分の見え方）を吟味しつつ考える姿勢を大切にしている。

たとえば、SMは、ミーティングで古澤に、「あなたならどう思いますか」「それはどうしてですか」「どうしてあの時あのように言ったのですか」等と、よく問いかけられたという。

子どものある行為を「問題だ」と思う時は、「問題」がそのまま絶対的事実として自分とは無関係にあるのではなく、そのことを「問題だ」と受け止めている自分がいるという事実を、改めて意識することが大切だろう。このように、誰もが「自分の見え方」というフィルターを通して物事を経験している、という「基本的事実」に立ち返ることが、HRLのスタッフとしての第一歩として重視されてきた。

HRLのスタッフにとって、子どもとのさまざまな経験や一人一人の子どもについて考えを巡らすことは、同時に、自分自身のものの見え方、感じ方を吟味し直すことでもある。そして、問題とすべきことは、子どもの行動や在り方ではなく、自分たち自身の捉え方である場合が多いことに気づいていく。

(2) 各自が無意識にもっている感情、価値観、常識を吟味し合う

一方、どのような人にも、本人も気づいていないこだわりや思い込みがある。そして、これらが私たちの「ものの見え方」を規定していると考えられる。しかも、こうしたこだわりや思い込みは、一人の人がその時々に感じる気持ち、すなわち感情、何を大事と考えるかといった価値観、そしていわゆる常識に根ざしているのである。

もちろん、諸々の感情を抱くこと、価値観や常識をもつことは、人間として自然であり、社会生活を営む上で大切である。しかし、これらが自分の心のなかで相互に相容れない動きをしたり、ものの見え方や対応の仕方が柔軟性を欠くと、他の人の感情、価値観、常識を受け入れることができなかったり、一方的、一面的な対応になりかねない。

HRLのミーティングで検討されてきたことの一つは、まず自分のうちにあって普段はなかなか気づかない感情、価値観、常識に互いに目を向けることである。

SGにとって、ミーティングでは「生き生きできない私」を感じ、自分は何か欠けているのではないかという不安感がつきまとっていたという。はっきりとはしないものの、それまでの自分の価値観では対応できないものを感じていたのだろう。そんなSGが初めてのキャンプで、次のような経験をした。

SG：T君が後から背中をどんと何度も叩きに来た。痛いので「止めて」と言っても止めない。周りを見ると他のスタッフにも同じように叩きに行っているのに、そのスタッフは何も言わず黙っていた。後日、T君のお母さんからの情報で、お母さんはこのところ忙しくてT君にかまってやれていなかったらしいという話を聞き、ああそういうことだったのかとやっと納得できた。私は行動の表面しか捉えられず、人の気持ちを感じることができず、何でも頭の中で処理してしまい、枠組みの堅い人間だった。

SGは叩かれて痛いので「止めて」と言うのではなく、なぜT君が叩くのか、叩くことで自分とどのように関わりたいのか考えようとしていなかった自分に気づいたのだろう。

スタッフたちはミーティングを重ね、子どもとの具体的な経験を通して、自分の無意識の感情、価値観、常識を吟味し合い、子どもの行為の背景をみるようになっていった。新しい気づきが生まれると、問題の本質が捉え直され、自ずと新たな対応の可能性が拓かれていく。そのためには、子どもとの関わりを巡って何かの問題が出された時に、「どうすべきか」を考えるだけではなく、同時にそれを問題としているスタッフ自身の気持ち（感情）や思いを、丁寧に聴くことも大切にされた。そこに、しばしば新しい発見・気づきへの糸口が隠されているからである。

（3） 子どもの成長を長い目でみようとする

古澤は、「人にはその人なりの人生があるという長期的な視点をもちながら、目の前にいる相手を誠実に理解しようとすることこそ、その人を自分とともに長い目で見ようとする姿勢が生まれる源泉であると考えられます」と記している。

人の成長を長い目でみるということを、スタッフが経験した例からみてみよう。

SG：岩井でのキャンプに行く時、両国から乗った電車の中で、二、三人の男の子が賑やかだった際、そばに座っていた熟年男女のグループが「子どもが騒がしい時には他人でも叱る」と話しているのが耳に入った。私は古澤先生が子どもたちに「静かにしよう」と注意すると思っていたら、「座り合わせが悪いから、他の車両の静かな女の子のグループと席を交替させよう」とおっしゃったのには驚いた。

このエピソードは、他のスタッフにも印象深いこととして記憶に残っている。そして、次の語りのように、子どもたちの成長を長い目でみる必要性を理解していく。

SM：子どもたちが社会のルールを無視した行動をするので、親御さんから、「あまり好き勝手なことをしては困ります」という意見が出たこともあると思うのですけれど、長い目で見たら、それは自分をコントロールする本当の力がつくことに繋がったのだと思います。

社会的行動の仕方を外からルールとして規制するのではなく、自分たちの生活をお互いに心地よくするために、子どもが自ら自分をコントロールするようになっていくのを見守り、待つことも大事ではないだろうか。

このように、子どもの時のある時点で社会的常識をはみでるような行為も、ＨＲＬでは強制的に止めさせようとはしてこなかった。長い時間がかかったとしても、子どもたちが自分で気づき、自分で自分をコントロールできるようになることが目指されていたといえよう。

ＳＦ：「人生の重大な選択をする時に、中里村にいた時の自分を呼び戻し、その時の自分にどっちを選択するか聞きながら決めてきた。そしてその選択は間違っていなかったと思う」と語る子どもに出会うと、子ども時代に中里村でキャンプを体験したことの、本人にとっての意味の大きさを再認識する。

このように、子どもキャンプでの自分で決めた体験は、子どもたちのなかで何十年も生き続け、人生の歩みに関わっている。子ども時代の経験をその時点で判断するのではなく、人の生涯という長い時間の流れのなかでみようとすることも、ＨＲＬの基本姿勢の一つといえる。

3章　子どもキャンプの実際

前述の考えに基づいて、ここではHRLが具体的にどのような活動を行ってきたかをみていこう。HRLには、「人間関係体験の場」として20年にわたり継続されてきた「子どもキャンプ」と、それを意識しながら行われる年間の諸活動がある。

1　人間関係体験の場（HRL）としての子どもキャンプ

子どもがやりたいことを実現する場（時間と空間）、そして人間関係体験の場として、キャンプという形態をとった理由は三つある。第一に、子どもの自己決定を何よりも優先した生活をすることができる生活状況を考えた。第二に、そのためには、子どもが日常経験している人間関係、特に親子関係とは違った生活状況が必要で、日常の生活から離れることを考えた。第三に、親とは異なる大人としてのスタッフが子どもたちと共同生活を営むことにより、子どもの成長とスタッフ自身の在り方をより意識化し、吟味できると考えた。

以下では、「中里キャンプ」が成立していく過程をみていこう。

最初のキャンプは、子どもが5歳になった1971年夏に古澤の勤務するN女子大学の軽井沢寮で、そして二回目は、翌年の春に千葉県南房総岩井の民宿で実施された。しかし、これら二回のキャンプでは、宿舎の管理者の意向によって生活が制限されることが多く、HRLの目的を実現するには不十分であった。その経験をもとに私たちが求めたキャンプ地の条件は、次の五点であった。①東京からあまり遠くないこと、②自然に恵まれていること、③子どもたちが自由に行動でき、スタッフとの共同生活が実現できること、④同じ場所で毎年継続することができ、しかも一週間くらいを借り切れること、⑤経費があまりかからないこと、である。

特に条件③が重要であり、野外や宿泊施設内の活動において、子どもの決定した行動をスタッフが最大限に尊重できる場所を探し求めた。その結果、群馬県多野郡中里村（現神流町）魚尾で、中里小学校魚尾分校の廃校に伴って、その二階を老人等の憩いの場に改装する計画があることを知った。これが長年利用してきた中里村村営施設〝長寿園〟との出会いであった。長寿園を舞台とした中里での子どもキャンプの詳細については、後に述べる。

2　子どもキャンプに向けた年間の活動

(1)　スタッフ・ミーティング

①定例スタッフ・ミーティング

スタッフだけのミーティングを月一・二回定例ミーティングとして行ってきた。このミーティングの主な目的は、HRLのなかで最も重視される子どもに関わる時の大人の在り方を相互に検討することである。ミーティングは、子どもグループ（後述）や子どもキャンプで子どもと直接触れ合う機会に、スタッフが自分なりに出会った経験や自分の目に映った子どもの姿を話し合うことが多かったが、読書会をしたり、講師を招いて話を聴いたり、映画を観たり、といったさまざまな内容で行われた。いずれも、子どもに関わる時の自己吟味に繋がるものであった。また、全体ではなかなか発言しにくいことがあるため、話題によっては一人一人がより発言しやすいサブグループ・ミーティングの形式をとったこともある。

この定例スタッフ・ミーティングは、その後2018年まで、約50年間継続された。

②スタッフ合宿

子どもキャンプの前後に準備と反省のため一・二泊の合宿によるミーティングが行われた。より長い時間をかけて、スタッフ各自が子どもとの関わりについて気になっていることを話し合うと同時に、スタッフとしての役割分担（企画、会計、渉外、物品、医療、食事、記録）について相互の連携を図ることが主な目的である。特に、毎年新しいスタッフが参加することもあり、キャンプ前の合宿ではスタッフの自己理解、相互理解を深め、キャンプ期間中に最大限子どもに目と心を向けられるようにすることが重視された。

③その他のスタッフ・ミーティング

子どもキャンプ中には子どもたちが寝ついた後、その日スタッフが気づいたことや、次の日のために吟味しておくべき事柄、そして何よりもスタッフが自発的に提案する話題を中心に語り合うことが行われた。また後述する子どもグループの終了後に、同様のスタッフ・ミーティングが行われた。

(2) 子どもグループ、およびデイ・グループ

子どもたちが3歳になってから就学までは、N女子大学のプレイルームで隔週土曜日に定期的に自由に遊ぶ子どもグループが実施された。さらに、学齢期に入ってからは隔月一回土曜日の午後や日曜日にデイ・グループが実施された。プレイルーム内だけでなく、屋外でのデイ・グループでは、都電

の借り切り、羽子板市の見物、落ち葉焚き、川原での凧あげ、ハイキング等を行った。学齢が進むにつれて、年二回くらいの催しとなっていったが、子どもによる企画が実行されることもあった。小学校高学年からは、後述の「子ども会議」として集まって、キャンプでやりたいことやお小遣いの金額、約束事等について話し合うことも行った。また、子どもキャンプの「しおり」も、子どもたちが集まって作るようになった。

このような子どもグループやデイ・グループは、スタッフや子ども同士がキャンプ以外の場で共通体験をもつ機会として実施されたが、子どもたちが中学生になると、より自然発生的な子どもだけの集まりがもたれるようにもなり、それは大学を卒業し社会人になっても継続されていった。

（3） 母親グループ

子どもグループと並行して、母親グループが開始された。子どもグループが行われている間、別室で母親の話し合いや、子どもの遊ぶ様子の録画を見たり、母親向けに講師による講演会を催したりした。話し合いでは、その時々に直面している子育ての悩みや気になっていること等が語られた。母親たちの様子については、パートⅢの7章2で述べる。

このような母親グループは、子どもの就学後は月一回程度実施されたが、子どもの成長に伴い年二・三回となり、小学校高学年に至り不定期となっていった。

3　子どもキャンプの環境と生活

（1）子どもキャンプの環境

①中里村の自然

私たちが生活の場とした宿舎「長寿園」は、群馬県多野郡中里村魚尾にあった（図1参照）。利根川の支流神流川の流れる県西南端の谷間の村である。高崎線新町駅で下車し、バスで藤岡、鬼石を経て万場に至り、さらにバスを乗り継いで中里村に到着する。子どもキャンプを始めた当時は道幅も狭く、未舗装で車の往来もほとんどない山道であった。

村を貫いて流れる神流川は鮎も釣れる清流で、田ノ頭と呼ばれる広い川原が長寿園から徒歩数分の所にあり、泳いだり魚釣りができたりした。さらに神流川を遡って行くと、奇岩「丸岩」がある。川の流れを堰き止めるかのようにそびえる大岩で、下部はえぐられており、岩の周辺は砂地で、その下で雨を避けて遊んだり、バーベキューをしたり、テントを張ったりすることもあった。

神流川を隔てて叶山が高くそびえている。石灰岩特有の切り立った姿は、村のシンボルであり、登山コースがあった。登山道には白水沢と呼ばれる滝があり、山椒魚が生息していた。さらに九十九折

図１　群馬県多野郡神流町魚尾の位置

の山道を登ると、眼下に中里村と神流川が一望に見渡せる所にたどり着く。山の裏側へ降りて行くと、叶後《かのうしろ》と呼ばれるすり鉢状の平坦部に至り、ここから見える叶山の一部は、まるで斧で真っ二つに割ったかのようになっており、牢口《ろうぐち》と呼ばれていた。

神流川をさらに上流へ行くと、道は二手に分かれる。一方は秩父へ向かう道で、他方は上野村を経て長野県境の三国峠に至る。秩父方面への道を少し行くと化石の採れる所があり、その近くの大きな岩（漣岩《さざなみいわ》）の窪みが、1985年に日本では初めて、恐竜の足跡であることが判明した。それにより観光ブームが引き起こされただけでなく、1987年には中里村恐竜センター（現神流町恐竜センター）が開設された。道路には看板や案内板が立ち、駐車場や土産物店もできた。上野村は1985年8月12日のキャンプ中に日航機が墜落した御巣鷹山の山麓に位置し、不二洞《ふじあな》と呼ばれる関東最大級の鍾乳洞や滝が二段になった龍神の滝がある。

1972年の中里村での子どもキャンプ当初は、自然に恵まれた環境である反面、交通不便な山峡の地であった。今日では、この村の様子も大きく変化した。道路は拡張され、舗装され、年毎に車が増え、それに伴って昔ながらの古い家々は、近代的な家に建て替えられた。とりわけ大きな変化は、秩父セメントによる叶山の開発である。白水沢まで自動車道が作られ、石灰石の採掘のため、切り立った頂は削り取られて平らになってしまった。村営の基幹集落センターが設置され、ゲート・ボール場や、テニス・コート、プールができ、神流川の護岸工事も進み、かつての景観は年毎に変わっていった。

②宿舎「長寿園」

上記のような自然に恵まれた中里村にある長寿園は、小学校の分校が廃校となり、1972年より一階は保育園、二階は二教室、1974年からは三教室とも畳敷きの部屋に改装され、老人向けの憩いの場、集会場となった施設である。

長寿園の部屋は襖で三部屋に仕切ることもできたが、子どもたちが思い切り活動できるように、また、子どもの活動で破損しないように襖をはずし、全部で90余畳という大部屋一室として使用した。元教室であっただけに天井は高く、廊下も広い。日常の家庭よりも、学校の教室よりも広い空間で生活することになる（図2参照）。このようなオープン・スペースは、子どもによっては日常の囲われた生活空間に対して、大きな違いを感じさせた。一方、病人が出た時や休養のための場として、階段上やステージ横の布団部屋等が使われた。1974年からは、大部屋と違った小さな限られた空間を確保するために、園庭にテントが一張り張られ、静かにしていたいと思う時には、いつでも利用できるようにした。

③キャンプに参加する子どもたちと実施時期

子どもキャンプに参加した子どもたちは、前述のように1965年9月から翌年2月までに都内A病院で出生した子どもたちである。その後、彼らが小学校高学年になるまでに、数名の子どもが新しく加わった。

子どもキャンプ初期の頃は、子ども一人毎に担当者が決められたこともあったが、それは終始その

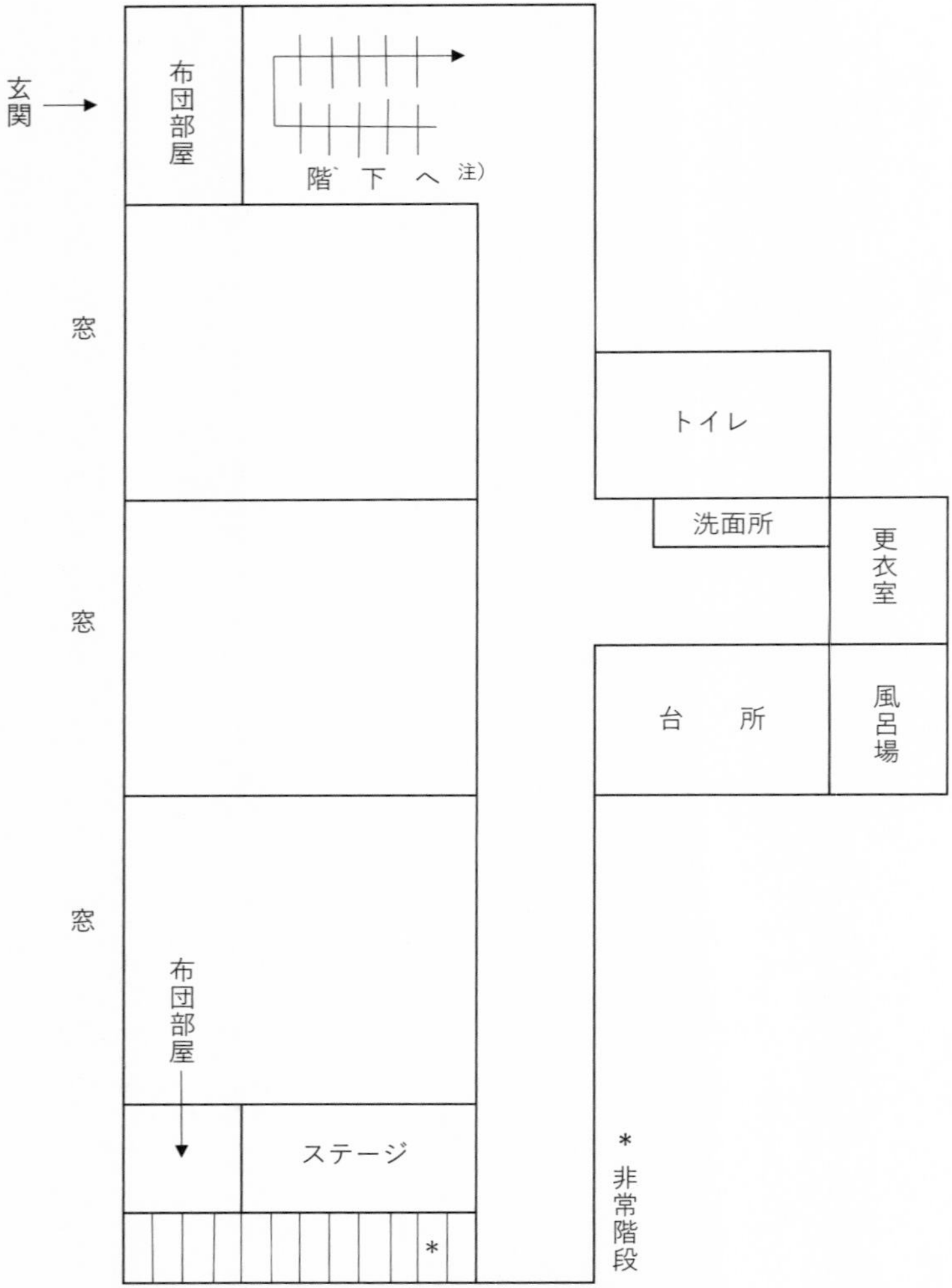

図２　長寿園の２階の間取り

注）図の上の方の階段を降りると玄関があり、上ると布団部屋になっている。

子どもにつき添うのではなく、子どもが手助けを必要とする時にすぐに応じられるような態勢を整えておくという意味であった。子どもキャンプへの参加の呼びかけは、当初、保護者を通して行っていたが、小学校高学年からは直接子どもに対して行うようにした。なるべく子ども自身の意思によって決定してほしい、と願ったからである。

子どもキャンプの実施時期は、中里村の自然を活かした活動ができる季節でもある夏休み中に、日程は参加するスタッフの都合や子どもの希望により年毎に決められた。初期の六泊七日、あるいは七泊八日という期間の長さは、親元を離れて共同生活に慣れ、自分らしさを発揮できるようになるまでには、ある程度の日数が必要と考えたからである。キャンプ期間前半では緊張して周囲を眺めていた子どもが、後半になると生き生きとした表情で活動を始めることもあった。三泊四日という期間の年もあったが、長寿園に行って生活の準備に費やす日、片づけに費やす日を考慮すると、このような日程は充実したキャンプを過ごすための最低の日数と考えられた。

(2) 子どもキャンプでの生活

中里子どもキャンプの二回目（小学校2年）までは、新宿駅から貸し切りバスで往復したが、三回目からは高崎線で上野駅から新町駅、あるいは本庄駅まで行き、そこから貸し切りバスを使った。1978年（中学校1年）からは、路線バスを乗り継いで行くようになった。子どもたちにとっては、新宿駅や上野駅を出発した時からキャンプが始まっていた。

長寿園に着くと、子どもたちはわれ先にと階段を上り、二階の部屋に入る。準備のために先に行ったスタッフが積み重ねておいた布団の山へよじ登り、崩したり、枕投げに興じたりするのが常であった。

①一日の過ごし方

子どもキャンプ期間の日程、および一日の過ごし方は、表2に示した。以下、子どもの生活を中心に具体的にみていこう。

【起床・就寝、および食事】

起床・就寝時間に一定の決まりはなかった。朝食は午前8時、夕食は午後6時を目安として準備されたが、食事時間は定めず、好きな時間に食べられるようにした。空腹経験のないままに、決められた時間に食事をするという日常を考え直してみたいと考えたからである。しかし、キャンプ生活に慣れてくると、仲間たちと食事をした方が楽しいと感じるようになってか、朝夕の食事は大勢でとることが多くなっていった。また、大半の子どもたちは小学校中学年までは夜9時過ぎには眠くなる様子であったので、その時間になると布団を敷きつめ、いつでも寝られる用意をした。自分の好きな場所を見つけ、仲良しの友だちと一緒に寝たり、スタッフに一緒にいてほしいと言いに来たりする子どももいた。スタッフに読んでほしい本を持ってくる子ども、お話を聞きたがる子どももいた。怪談話は特に人気があった。

表2　子どもキャンプでの一日の過ごし方

	第1日目	第2日目	・・・	帰る前日	帰る当日
朝	9時頃集合 移動	朝食可能	朝食可能	朝食可能	朝食可能 帰り支度
昼	到着 自分がやりたいように過ごす	自分がやりたいように過ごす	自分がやりたいように過ごす	自分がやりたいように過ごす	12時頃出発 移動
夕	夕食可能	夕食可能	夕食可能	夕食可能	16時頃解散
夜	お楽しみ会	自分がやりたいように過ごす	自分がやりたいように過ごす	キャンプ・ファイアー	
深夜	スタッフ・ミーティング	スタッフ・ミーティング	スタッフ・ミーティング	スタッフ・ミーティング	

長寿園で子どもキャンプを行うようになった当初は、子どもとの関わりと食事作りを両立させることは困難なことから、スタッフ以外に食事作りを担う人を特別に依頼していた。しかし、子どもが台所に出入りし、食事係の人たちと関わることが子どもに影響することを無視できない状況になってきた。そこで、1975年（小学校4年）以降、食事作りも共同生活の重要な一部として、スタッフが分担して担当することになった。試行錯誤の末に、調理に手間のかからないメニュー、配膳の方法もカフェテリア式に、さらに昼食はおにぎりとして朝のうちに用意するようにした。こうすることで、

遠出する際にはお弁当として持って行くことができ、食事当番のスタッフも昼間の活動をすることができるようになった。

1984年（高校3年）からは、子どもたちも食事当番をするようになった。台所で食事を作りながらのスタッフと子どもとの関わりは、家庭や学校での様子等が語られたりする新たな触れ合いの場ともなっていった。一方、食事当番を免れようとする子ども、あるいは自分の替わりを頼む子ども等、食事当番という役割に対する子どもの反応はさまざまであった。長じて、アルバイト経験等で、スタッフよりも上手に調理する子どもも出てきた。そして、食事作りの当番制は子どもキャンプにおいて定着し、誰でも食事を作ることが当たり前になっていった。

【自分がやりたいように過ごす】

キャンプ期間の第一夜はお楽しみ会が、最後の晩はキャンプ・ファイアーが催された。お楽しみ会は、親元から離れて最初の夜を迎える子どもの寂しさを和らげるように、スタッフがあらかじめ用意したプログラムが組まれた。キャンプ・ファイアーでは花火、寸劇、歌等が繰り広げられ、村の人々との交流の場とするため、宿舎近くの川原（田ノ頭）で行われるのが恒例であった。

これらの企画以外は「自分がやりたいように過ごす」ため、すべて自由時間とした。子どもがその時々の自分の気持ちに沿って、その子なりの一日を過ごせるようにしたのである。子どもたちには事前に手紙や後述の「子ども会議」を通して、キャンプ中に何をやりたいか希望を出してもらい、それらが実現できるように検討し、準備するようにした。さらに、キャンプ期間中も、夜には翌日にやりたいことの希望を出してもらい、それらを考慮して企画を立てて掲示するようにした。子どもは寝る前に、掲示板に書かれた翌日の活動の希望欄に自分の名札を貼っておくことを、約束事の一つとした。なお、翌日になってその希望を変える子どももいた。早朝の虫取り、水泳（田ノ頭、丸岩、後にはプールも加わった）、化石採り（漣岩付近）、鍾乳洞探検（不二洞）、釣り大会、登山（叶山、白水沢）、テントで泊まる（園庭、丸岩）、中里小学校の校庭で遊ぶ、長寿園にいる…等々、すべて子どもの選択に任されていた。行き先別に子どもの人数を考慮しつつ、スタッフの人数や、スタッフ自身の希望を調整して同行するスタッフが決定された。特に、遠出に同行するスタッフや近くの川へ行くスタッフは安全面の配慮を重視して構成された。

何をしようかと迷う子どももいたが、そのような時でも子どもが自分で決めるまで待った。キャンプ・ファイアーや肝試し等の企画にも、参加したくなければしなくてよかった。参加せずに長寿園の二階で過ごす子どももいたが、そのような時もスタッフは傍らで過ごし、企画に無理に誘うことはしなかった。したがって、キャンプ期間中、毎日叶後や不二洞等へ遠出しようとする子どももいれば、何となく長寿園や近くの川で過ごす子どももいた。

夕食後は、誰かが発案し、皆に呼びかけ、歌謡大会の他、子どもの演出による劇等が行われ、それに大勢が参加することもあった。キャンプの初日や二日目には、遅くまで起きていようとする子どもも何人かいたが、後半になると疲れもあって早く寝る子どもが多くなった。小学生の頃には、朝早くから虫取りのために起こされたスタッフが、疲れて仮眠しようとしても、飛び乗られたり、布団蒸しにあったりして、なかなか眠ることができなかった。しかし、年を経るにつれてそうしたことも少なくなっていった。

高校の頃になると夜遅くまで語り合い、起きている子どもが多くなった。布団の山のなかに潜るようにして眠り、目が覚めては仲間と話し込むという光景が見られるようになり、朝になってもいつまでも起きてこないことが多くなった。

【約束事は二つ】

一人一人の子どもが自分のやりたいこと、自分の気持ちに沿って行動できるよう規制をできるだけ少なくしたが、二つの約束事があった。一つは前述のように、希望する企画のところに自分の名札を貼ることである。これにより、誰がどこで何をしているのか把握できた。もう一つは長寿園の外へ出かける時は、スタッフに同伴してもらうことである。というのは、長寿園からの小道は急坂で、見通しの悪い道路に通じているので、出合い頭の事故を防ぐためであった。中学生になってから、昼間に近所の商店へ買い物に行く場合に限って、子どもだけで行くこともできるように変更された。子どもたちは、これらの約束については受け入れ、スタッフも子どもからの求めには必ず応じるようにした。

②毎晩のスタッフ・ミーティング

キャンプでは毎晩スタッフ・ミーティングが布団部屋や階段の踊り場で開かれた。子どもが幼い頃は子どもたちが寝静まってから開かれたが、小学校高学年になると子どもたちが寝てからというわけにはいかなくなり、一日の活動がほぼ終わった23時ないし24時頃から始められた。

ミーティングでは、その日の一人一人の子どもの様子、気になったこと、子どもとの関わり、翌日の日程の確認等を話し合った。その日に感じた危険なことへの対処も、大切な検討事項であった。その日のうちに話し合った方が良いと思われる子どもとの関わりについては、何時間もかけて話し合われた。夜明けまでミーティングが続けられたこともたびたびであった。日中の活動で疲れてはいたが、スタッフにとってこの時間は、日中の活動と同様に大切な時間であった。しかし、キャンプの後半は、お互いの疲労に配慮しながら時間配分を決めていった。それでも、子どもとのエピソードを話していくうちに、スタッフ自身の見え方、感じ方を見直し、スタッフとしての在り方の吟味に、体力の限り真摯に取り組もうとした。

スタッフ・ミーティングに子どもは参加しないため、なるべく子どもが気にならない時間ということで深夜の時間帯になっていたが、スタッフが別室で何をしているのか興味をもち、見に来る子どもも出てきた。1979年（中学校2年）には、スタッフ・ミーティングの開始直後の翌日の企画を検討する時には、子どもが参加するようになった。しかし、スタッフ・ミーティングの内容を知った後は、興味は失せ、その時間に子どもたちだけでディスコ大会等を開いて楽しんでいることもあった。

(3) 学年進行による新たな取り組み

①お小遣いと中里銀行

1974年（小学校3年）のキャンプからは、お小遣いを持参するようになった。お小遣いを持つことが自分の判断で行動する一つの機会となり、お金を使うことで村の人々と直接接する機会となると考えたからである。その使い方は子どもによってさまざまであった。お金をなくしたり、誰のものか分からないお金が出てきたりしたため、1976年には、お小遣いを預けたり、引き出したりできるように「中里銀行」が開設された。子どもとスタッフが行員となり、預けたい・引き出したい子どもの長い行列ができたりもした。中里銀行は、子ども自身でお小遣いの管理ができるようになって、自然に閉じられた。

②中里劇場

1975年（小学校4年）に発足した「中里劇場」は、キャンプ初日の夜のお楽しみ会の延長として行われた。演劇に興味をもっているスタッフを中心に「劇団こまわり」が結成され、劇「金のガチョウ」が夜、車のライトの照明のもとで演じられた。村の人の見物もあり、盛況のうちに終わった。

翌年からは、演劇の好きな子どもが事前に脚本を作り、出演者を決めてキャンプに臨むようになった。キャンプ期間中も上演に向けて練習が重ねられ、スカウトされたスタッフも参加した。キャンプ前から熱心に劇を企画した子どもと、劇にスカウトされたものの、昼間は劇の練習ではなく、屋外で活動したい子どもたちやスタッフとの間で葛藤が生じることもあった。高校1年（1981年）では、子どもたちだけの企画と出演で、実話をモデルにした「翼は心につけて」という劇が上演され、テーマの選定と子どもたちの真剣な演技に接して、スタッフが深く感動することもあった。この中里劇場では、演劇だけでなく、コーラスや独唱、演芸等も行われた。

③子ども会議と中里会議

小学校6年（1977年）の頃から、子どもキャンプ前にはキャンプでやりたいことや、お小遣いの金額等について話し合う「子ども会議」、キャンプ中にはテーマ（たとえば、学校の友だちとキャンプの友だち）を決めて、子どもとスタッフで率直に話し合う「中里会議」を行うようになった。子どもの発言を促すことはなく、また子どもの意見を一つにまとめるということでもなく、その場の雰囲気のなかで、一人一人の子どもの発言やつぶやきを大事にしながら、スタッフの考えも表現することを重ねていった。子どもの意見を聞いただけで何も決まらないということもしばしばあったが、そうした話し合いの過程が大切であると考えられていた。

キャンプ中の企画は、事前に計画されたものであれ、キャンプ生活中に自然発生的に生まれたものであれ、その時々の状況に応じて実現されていったが、もちろん実現されずに終わったものもある。実現されなかったものについては、キャンプ中に起こったさまざまなことも含めて、その背景にある意味等が後日検討された。

4　子どもの成長に伴うキャンプ生活の変化

5歳から始められた子どもキャンプは、期間は短くなっていったが子どもたちが大学卒業後もしばらく続いた。そして、子どもたちが社会人となり、結婚等で生まれ育った家族を離れ、さらに親となり自分が創設した家族との生活を営みながらも、個人的にＨＲＬのスタッフとの関係は続いていた。そこで、子どもの成長に伴う子どもキャンプへの期待とスタッフとの関係、さらには日常生活との関連についてみていこう。

(1) 生まれながらの協力児から積極的参加者へ

子どもたちが小学校低学年までの子どもキャンプでは、スタッフは子どもの遊びや活動において、子どものやりたいことを支える「頼られる存在」であった。その後、児童期半ば以降は、子どもの成長に伴い、多様な子どもの在り様を支えるために、スタッフは一人一人の「子どもの変化に対応する存在」になっていった。

そして子どもたちが思春期になると、関心は大人であるスタッフから仲間に向き、心理的自立が進むにつれて、子どもたちはスタッフを排除して、仲間同士でＨＲＬ活動に参加する意味や人生について深く語り合うようになった。一方、スタッフは子どもたちの世界から締め出され、子どもの気持ちとの「ずれ」に戸惑いを感じながらも、仲間同士で育ち合っていく様子を見守っていった。

高校1年頃から子どもたちは、互いに語り合うことを好むようになり、長寿園で過ごす時間が長くなった。大きな部屋のあちこちで語り合う光景がしばしば見られるようになった。語り合う仲間の構成は、いつも同じとは限らない。「お互いに相手をもっとよく知りたい」という気持ちが強くなり、話し合ってみると意外な側面が発見されることに関心が高まっていったようだ。自分以外の子どもがどんな人なのか、何を考えているのか、どうしてそのように考えるのか等々、話題は尽きない。こうして子どもたちが外へ出かけるのは近くの商店か、川で泳ぐくらいで、遠出することがめっきり減り、生活時間も夜型に移行した。また、この頃から、子どもたちは、積極的に子どもキャンプに参加するようになった。つまり生まれながらにしての協力児から、自らの意思による積極的参加者となっていったのである。

この時期の子どもが、どんなに子どもキャンプを大切に思っていたかを語るエピソードがある。

H夫：中3の夏休みに、自転車で塾から帰る途中、気がついたら病院にいたんだよね。転んで頭を打って、救急車で運ばれたらしいのね。親が心配する顔見ても、何でここにいるのかさっぱり分からない。何度聞いても分からなくて。その後、父親が笑って言ってたんだけど、その時に一番自分が心配したのは「群馬（子どもキャンプ）行けるかな」、だったんだって。

父親の心配をよそに、意識が戻って、まず「子どもキャンプに参加できるかどうか」を尋ねたというのである。

さらに子どもたちが青年期になると、彼らは話し相手、相談相手としてスタッフを求めるようになった。そして前述のように20歳になった時、これまでの子どもキャンプの経験について『見えないアルバム』と題する本にまとめた（古澤編 1986）。この本のタイトルは、谷川俊太郎氏の詩の題名に由来する。この詩は、時の流れに伴い「きみ」は常に変化するゆえに、アルバム写真ではなく、今、この瞬間に触れ合っている「きみ」を私の心と体に刻みつけるのが唯一の記録方法だ、といった内容である。子どもキャンプを通した子どもたちとスタッフの関係は、まさにこうした変化をお互いに捉え、相互に変化するなかで生まれてきた関係だろう。

また、この本は、第1章「子どもとともに歩んだ道：HRL活動」、第2章「子どもたちは何を体験していったか：子どもたちの手記」、第3章「スタッフの体験さまざま」の三部構成となっている。最大の特徴は、HRL活動に参加した子どもたち自身が書いた第2章があることだろう。出版にあたって、子どもたちは毎週土曜日に集まって、子どもキャンプでの具体的なエピソードについて一人一人が感じたこと、考えたこと等を話し合い、思い思いの文章にしていった。また、スタッフたちもグループに分かれ、担当部分を文章にまとめるため、長時間にわたる話し合いと吟味を繰り返した。子どもたちにとっても、当時のスタッフたちにとっても、その時点でのそれぞれの子どもキャンプの意味を見つめることになった。それはまた、パートⅡの5章で述べる子どもとスタッフとのその後の語り合いを進展させることに繋がったといえよう。

(2) 子どもキャンプと日常生活との関連

子どもは家庭生活を送りながら、幼児期は保育園や幼稚園に通い、児童期には小学校、思春期には中学校、そして青年期には高校から大学へと進学し、学校生活を送りつつ、それぞれの事情で参加で

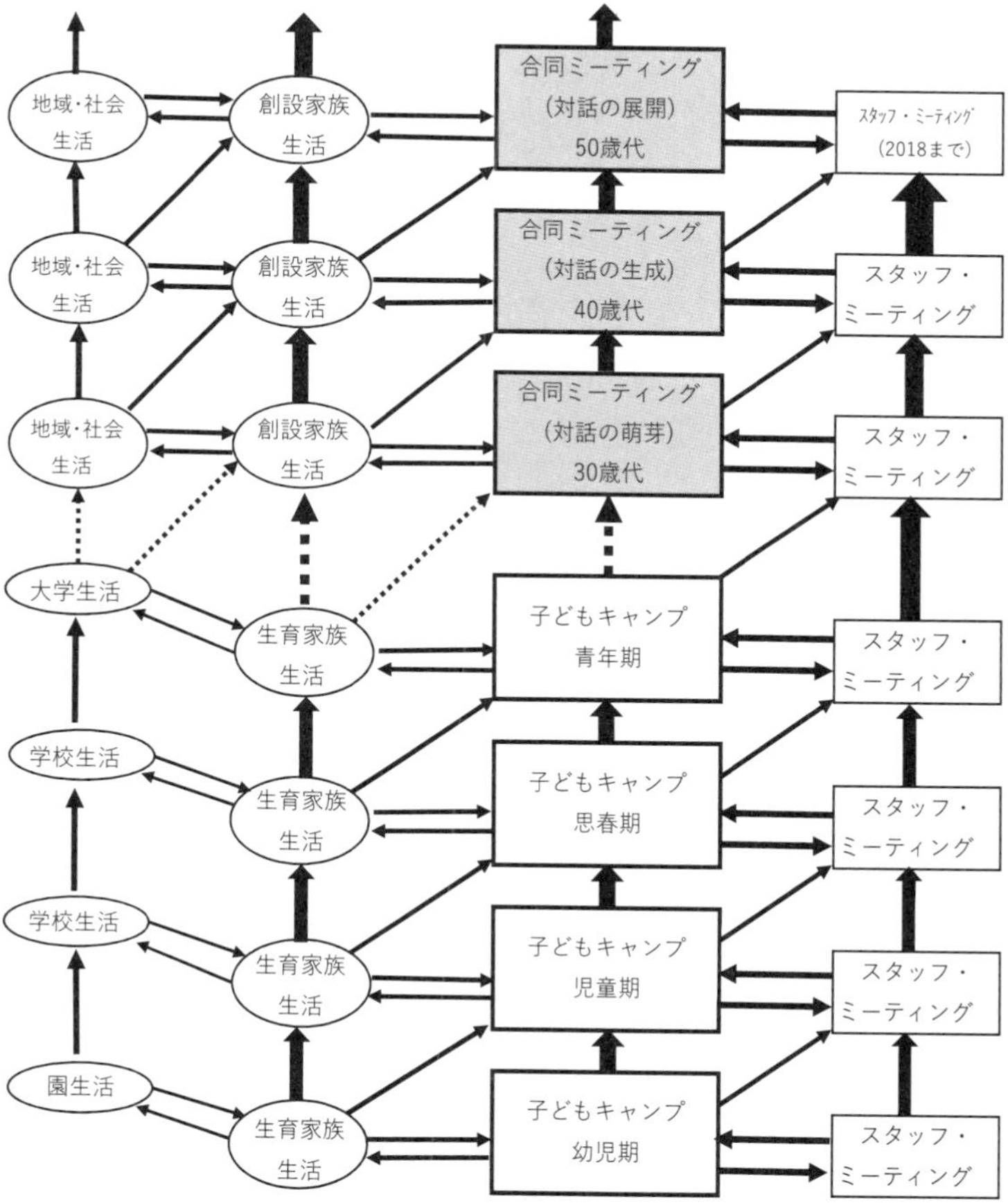

図３　子どもキャンプと日常生活との関連のイメージ

注）・園生活・学校生活や地域・社会生活と子どもキャンプや対話との直接的な相互の影響性はあり得るが、煩雑になるため図では省略している。
・破線は生育家族から創設家族へ、学校生活から地域・社会生活への移行、及び子どもキャンプから語り合いによる合同ミーティングに変化したことを示している。
・30歳代でスタッフとの対等に語り合う対話が芽生え（萌芽）、40歳代で対話が生成し、50歳代で対話が展開していることを示している。

きない時期があったにしても、子どもキャンプに参加し続けていった。それぞれの場で体験したことは、一人一人の子どもの成長に何らかの影響を及ぼしていると考えられる。子どもキャンプでの体験を中心に据えると、現在50歳代となっている子どもたちの体験の積み重ねは、図3のようなイメージとして示される。すなわち、それぞれの家庭や学校という日常生活では、子どもは躾けによって社会化され、いわゆる社会的行動様式を身につけていった。その一方で、子どもキャンプでは、そうした日常生活における社会的制約から解放され、一人一人の子どものありのままが発揮され受け止められた。その自由さに、かえって不自由さを感じる子どももいたが、子どもたちは、日常と非日常の二つの世界を行き来しながら生き、両者は互いに影響を及ぼし合っていったと考えられる。

子どもが大学卒業後しばらくして、子どもキャンプは行われなくなった。しかし、50歳代となる現在も、スタッフとは年に数回の触れ合いが続けられている。形を変えてはいるが、子ども時代の非日常体験の積み重ねが、ありのままに本音で対等に語り合う仲間たちとスタッフたちとの関係に繋がっているといえよう。

II

子どもキャンプを振り返って

子どもたちが小学校1年生になってからは、子どもキャンプは中里村長寿園を宿舎として行われるようになったが、中学校2年時（1979年）のみ長寿園が使用できず、例外的に西湖（山梨県富士河口湖町）で行われた。児童期から青年期までのキャンプ生活は、彼らにどのように捉えられているのだろうか。長じて彼らが手記として寄せたもの、あるいはメンバーとスタッフとの合同ミーティング等での語りから、以下、探っていくことにしたい。ただし、子どもの手記や語りについては、分かりやすくするため一部修正を加えた。また、手記や発言の個人の記号については、用語の説明（8ページ）を参照してほしい。

4章　児童期から青年期までのキャンプ体験から

1　忘れられない子どもの頃のエピソード

（1）スタッフに受容された思い

子どもキャンプの事前・事後での合宿を含めて、スタッフはミーティングで長時間にわたって子どもへの関わりについて、具体的なエピソードに基づいて吟味することを繰り返し行ってきた。それにより、子どもへの対応がスタッフ間で共有されていった。スタッフの子どもへの対応について、子どもが50歳になった時点で思い出として語られたエピソードを二つ紹介しよう。

エピソード1　O子のホームシック

O子：何かホームシックになって、こっそり布団の中でしくしくって泣いてると、必ずスタッフの誰かが気づいて、「どうしたの?」って、声をかけてくれて、話を聞いてくれた。もう夜遅かったら、普通「寝ようね」って言われると思うけれど、そうじゃなくて、「悲しくなっちゃったのね。何で泣いてるの?」って心の中をもっと聴いてくれようとしていた。「うん」と言うと、何かもっと悲しくなっちゃって、自分でも最初何で悲しいか分からなかったけれど、結局は、家が恋しいだけじゃなくて、出かける時に、大好きなママが、髪の毛を結ってくれたりんごのゴムを、キャンプに来て遊んでいるうちに、なくしちゃった。それが、一番悲しかったということを、「どうしたの?」って尋ねられて話をしながら思い出した。それで、遅い時間なのに「一緒に探そうか」って言って探してくれた。結局は、その時は見つからなくて、「暗いからまた明日探そうか」と言われて、それで落ちついて寝た覚えがある。そして次の朝、皆でご飯を食べているときに、「O子ちゃん、あった!」って持って来てくれた。その次の夜からホームシックで泣かなかったような覚えがある。

今になると、すごくよく見ててくれたんだなって思う。その人が、誰だったのかは覚えてないですけど。何かすごく細やかだったなって、時々そういうことを断片的に思い出します。

エピソード2　H夫の一人ぼっち

H夫：なんで階段の下で食事をしていたのかは覚えてないけれど、その時スタッフの誰かが来てくれたんだよね。一緒に食べたと思う。かなり「来るな」と言いながら、いなくてもいいのにと思いながら、あの時に一人にされていたとしたら、自分で傷ついていただろうなと思う。あの時スタッフが来てくれたことで、何か救われたんだろうな。

子どもが幼い頃、親元を離れての子どもキャンプでは、夜になるとホームシックになり、大泣きする子どももいれば、エピソード1のO子のように、ひっそりと一人で耐えようとしている子どももいる。そのような一人一人の子どもの様子を捉えて、子どもの気持ちに寄り添うことをスタッフは大切にしてきた。O子は、夜も遅いし、多くの子どもが寝ているので、「寝なさい」と言われるのかと思っていたら、予想に反して、泣いている理由をスタッフに尋ねられた。そこで益々悲しくなりながらも、泣き出した本当の理由に気づいていった。それは母親との繋がりである大切な「りんごのゴム」が見えなくなったことだった。暗闇のなかでスタッフは一緒に探してくれたが見つけられなかった。しかしその翌朝、「O子ちゃん、あった！」とスタッフの声。どんなにか嬉しかったことだろう。このようなスタッフの対応に支えられて、その後はホームシックにならなかったことを覚えていた。こうしたスタッフの細やかな対応によって、その後のキャンプ生活をO子は楽しむことができたと思われる。

エピソード2のH夫は、キャンプ中、他児と交わることが少なく、布団部屋等で一人で過ごすことが多いことを、スタッフだけでなく何人かの子どもたちも気づいていた。そのような様子を見て、スタッフの一人は、人がほとんど来ない階段の下で食事をしようとしていたH夫のところに自分の食事を持って行き、拒まれながらも傍らで食べた、という。「来るな」という言葉とは裏腹に、一人ぼっちで食べるのと、傍らに人がいるのとの違いを感じたのだろうか。長じてその場面を思い起こした時、当時のH夫自身の複雑な気持ちの在り様に思い至った、と思われる。

スタッフは、事前のミーティング等で、子どもの気持ちに思いを巡らし、寄り添うとはどういうことか話し合ってきた。だからこそ、この二つのエピソードでみられたように、普通は見逃されてしまいがちな子どもの心の深いところにまで触れるような子どもとスタッフのやりとりが展開されたといえよう。

(2) いつも怒らないスタッフに怒られた!

HRLでは、子どもの行動を叱って改めさせるのではなく、子どもがなぜそのような行動をしたのかを分かろうと努めてきた。だから、子どもたちは「スタッフは怒らないものだ」と受け止めていたようだ。そのようなHRLでスタッフに怒られるということは、他で怒られるのとは比べものにならない程のショックだった。では、どのような時に怒られたのだろう。いずれも小学校時代のエピソードであるが、20歳時点の子どもの手記とスタッフの怒りに込めた思い等をみてみよう。

エピソード1

キャンプのある日、HRLの数人は叶山登山をしていた。しんがりを歩いていた（と思っていた）B夫は、山道の路肩を崩しながら歩いていた。しかし、背後にはSQさんが歩いていたのだった。いつもは仏のようで、誰も彼女が怒ったところなど見たことがなかったのに、SQさんは怒った。その時のB夫の動揺はいうまでもない。

エピソード2

HRLで一番の悪ガキA夫は、川原に釣りをする人が見えているのに、橋の上からしきりに石を投げていた。それを見たSD男は、A夫を強く叱った。するとO子は眼をまん丸くして、「どうして、怒ったの?」と尋ねた。「危ないことをしたからさ、危ないことをすりゃあ、僕らだって怒るんだよ」と、SD男は答えた。

エピソード3

小学校高学年になった頃のキャンプでの出来事である。子どもたちが寝ている人の顔にマジックでいたずら描きをしたり、虫除け薬をかがせて驚かしたり悪ふざけをしていた。そのうち、たまたまSI男の目に虫除け薬が入ってしまい、大騒ぎになった。眠っていたSQは目を覚まし騒ぎを知った。すぐにSI男には目をよく洗うよう声をかけただけで、子どもたちにその場では何も言わなかった。しかし、

SQの心の中には、大人が子どもによかれと思って懸命に努力しているキャンプで、なぜSI男がこのような目にあわなければならないのだろうか、しかも、このキャンプでは怒りをそのままぶつけることはできにくく、SI男が気の毒で仕方ない、と怒りが込み上げていた。

その日の午前中に、丸岩のテントで朝の騒ぎに居合わせていた子どもたちと、たまたま一緒に過ごした。そこでSQはまず「今朝のあの騒ぎはどうしたの？」と尋ねた。子どもたちは状況を説明してくれた。そして、「もしSI男の目がつぶれるようなことがあったら、あなたたちはどうするつもりだったの？」と続けた。子どもたちはシュンとして聞いていた。さらに、「このキャンプだって、やっていいことと悪いことがあるのよ」と話した。

HRLでスタッフに怒られた場合、子どもたちの驚きはとても大きかった。それは、エピソード1のように自分が怒られた場合でも、エピソード2のように他の子が怒られているのを見た場合でも同じであった。この二つのエピソードは、いずれも子どもの行為が他の人に危険を及ぼしかねないものだった。20歳時点でこのようなエピソードを思い起こしているが、当時でも驚きと同時に、「彼らの行為はしていけないことだ」ということは子どもたちに伝わっていたと思われる。

そして最後のエピソード3はSQの怒りである。この子どもたちの行為は、そのまま見過ごしてしまえるような事柄ではなく、SQはこの思いをどうにかして伝えたいと考え続けていた。たまたま、その日の午前中に朝の騒ぎに居合わせていた子どもたちと一緒に過ごすことになったSQは、「この機会に…」、と思ったのである。まず、責めるのではなく、「今朝のあの騒ぎはどうしたの？」と尋ねた。子どもたちは素直に状況を説明してくれたので、〝自分の行動の及ぼす影響についてまで考えてほしいという気持ち〟を込めて、「もしSＩ男さんの目がつぶれるようなことがあったら、あなたたちはどうするつもりだったの？」と続けた。穏やかに話すSQの言葉に、子どもたちはシュンとして聞いていた。その様子を受けてSQはさらに、「このキャンプだって、やっていいことと悪いことがあるのよ」と続け、この早朝のエピソードについての判断は子どもたち自身に委ねたのである。

子どもたちが20歳になってHRL活動を振り返り本を出版するための話し合いのなかで、子どもの一人は「SQさんに怒られたこと」として、このエピソードを語り始め、すぐに「怒られたっていうより、諭されたんだな」と言い換えた。SQがどうしても伝えておきたかった「自由のなかでも、責任をもって行動してほしい」というメッセージは、子どもたちの心の奥深く刻まれていたのだろう。おそらくあのエピソードが生じた早朝、SQが怒りを感じたその時にそのまま怒りをぶつけていたのでは、子どもたちにSQの意図は十分には伝わらなかっただろう。SQが自らの気持ちを整理した上で、子どもたちに伝え、判断を子どもたち自身に委ねたことによって、子どもたちは「怒られた」記憶だけを残すのではなく、意味深い体験となり得たのではないかと思われる。

「怒る」、「怒らない」、そして「怒られた」といったことは、怒りをどのように伝えるかによって、その体験が心に響くかどうかが異なるものになることを、十数年を経てスタッフと子どもたちが話し合い、改めて共に感じ入った。

(3) 子どもたちにとって学校と子どもキャンプの違いは?

小学校六年間と中学校三年間、その後の高校、大学と、子どもたちは皆、長い学校生活を送った。そうした学校で出会う教師・クラスメイトと、子どもキャンプで出会うスタッフ・キャンプ仲間。子どもたちは学校生活(日常生活)とキャンプ生活(非日常生活)を行き来する経験を繰り返していくうちに、徐々にではあっても、その両者の違いに気づいていった。はたして、どのようなことを違いとして捉えるようになったのだろうか。20歳代から40歳代での語りや記述からみてみよう。

①学校の先生とスタッフ

D子:修学旅行などでは、子どもキャンプの夜に皆で話をするようなことは禁止されて、先生たちはまるで泥棒でも捕まえるように厳しく監視するのですから、私にとっては不自然で、何だかいやらしささえ感じました。

V子:学校の修学旅行では、生徒同士で話し合うことはあっても、大人である先生とは心を割って話すことはできないことだった。ところが、HRLでは大人であるスタッフと話し合えた。これが、私たちにとってスタッフが身近な存在となった理由の一つではないかと思う。スタッフはどんなことでも話し合いに応じてくれる話し相手だった。

Y夫：キャンプのスタッフは、学校の先生とは全く違って、叱るとしても、それはむしろ、諭すといった感じだった。子どもと同じ次元で接してくれる等ということは、他に類をみない関係である。気心が知れていて、他の大人たちに感ずるような、尊敬、畏怖、不可解といったことが、全く当てはまらないと思っていた子どもが大部分だった。

H夫：スタッフと呼ばれる学校の先生とは違う、常識を押しつけない大人たちとの生活はとても貴重だったと思います。そうした人たちとのやり取りをしたおかげで、自分は救われたなと思うことは幾つもありました。ありのままの自分を受け止めてもらえた体験は、凄く救われたと思っています。

N夫：今さら「古澤先生」って言われても、すごく違和感があるんです。ゴリラ（ニックネーム）はゴリラなんですよ、私の中では。

②ルール・皆一緒とルールなし・皆違う

O子：学校にしろ、習い事にしろ、いつも困ってたのは早生まれってことで。2月生まれだと、4月生まれの人と成長がほぼ一年間違う。そうすると、特に低学年の頃は、体力も、知力も、成長が遅い。遠足とか行くときも、小学校1年生、2年生の頃は、体力が明らかになくて、皆がチャカチャカ登って行くのについて行くのもすごく辛かった。HRLでは、「辛い」と思ったら、行かなくてもいいのですごく楽だった。こんなことはしたくないと思ったら、やらなくていいって自由は貴重だったと思います。

I子：普通だったら「服着替えなさい」、「顔洗いなさい」、「ちゃんとしなさい」って言われるところを、遊んだそのままバタンキューだった子どもたちがいた。それは夢の世界だって思っていた。

N夫：食事の時、「いただきまーす」って、皆で座って一緒に食べない。歯を磨くとか、顔洗うとか日常やっていることは全て、どうしていたのか覚えていない。

I子：すごい偏食だったから、食べなくてもいいっていうのが夢のようだった。とても我がままで、「私の食べられるものはない」とか言ったのは、覚えてる。あんまり食べてない。帰ると痩せてたもん。食べたいものがなくて、我慢したっていう記憶もない。なきゃないでいいやみたいな。ただ、嫌いなものを食べるのは、凄い辛かった。

L子：私は幼い頃からマイペースな人間でした（今でももちろんそうですが）。何をやっても人より劣っていて、学校のようなきっちりした集団にはついていけなくて、楽しそうな顔をしていたのですが、本当はつまらなかったのでした。そんな私を温かく包んでくれたのがHRLだったように思います。

〇子：私、いじめられっ子で、小学校で、今ニュースになるような派手ないじめじゃないけど、無視されたりとか、仲間はずれにされたりとかいじめられてた。誰かを仲間はずれにすると、皆で仲間になってその人を仲間はずれにする。クラス全員が、その子を無視する。それで何かの拍子にその標的が変わって、今度は〇〇ちゃんになると、全員がその人を仲間はずれにして。仲間はずれにしないと、またそれが原因でいじめにあったりするんで、必ず皆が同じことする。だけど、HRLは自分の意思でやりたいことをやっていたから、そうはならない。だから、こっちで、ある子をいじめていても、あっちでは、そんなことに興味がない人はいじめに加わらない。だから、一緒にやらなくてもいいので、いじめたくなかったらいじめなくていい。皆がいじめるわけじゃない。

私もHRLでいじめられたこともあったけど、その子が私をいじめたことによって、皆もワッと集団でいじめてくることはなかった。嫌だったら友だちと一緒にいなくても一人でいればいいし、必ずスタッフの誰かは一緒にいてくれたから、絵本読んでくれたり、ホームシックにはなっても、孤独を感じたことはない。HRLでは、他の子が怖いことしてたら、離れて見てることができる。いじめられて嫌だと思ったら、スタッフの人と一緒にいて、その子から離れることもできる。その状況が嫌なときに逃げ場が必ずあった。そこが、学校とは全然違ったなと思う。学校でいじめられちゃうと、学校では逃げ場がないんです。いじめられ続けて。家に帰るしかなくて、家に帰っても、また次の日学校に行かなきゃいけないっていうように逃げ場がなかった。でも、HRLはそうじゃなくて、常に逃げ場があった。

A夫：コミュニケーション能力・社交的な性格を高めていく実践の場としては学校が大半を占めている。学校でもかなり経験を積んだことだろう。しかし、学校にはそこを支配している教師が居る。すでにルールが作り上げられており、それに従って生活することが当たり前となっている。能力・性質を高めていく場としては、中級レベルだ。

それなら、どこが上級レベルの鍛錬の場なのだろう。言わずと知れた中里キャンプである。無法地帯、支配者不在の最高レベルの修行の場である。中里は無秩序状態の恐ろしい場所なのかといえば、そうではない。ルールは仲間同士のやり取りのなかで出来上がっていく。ルールを決めるということではなく、お互いの生活がスムーズに行われるように暗黙のルールができあがっていくのである。

③学校の友だちとキャンプの仲間

E子：私は小学校から高校までエスカレーター式に同じ雰囲気の学校におり、友人は多くいたのですが、私が本当に求める友というものをみつけることができないでいました。私が幼稚でまわりが見えなかったのかもしれません。こんな時期（中学校2年）に西湖子どもキャンプでの変化があり、この仲間たちこそ自分の一番の友だと思いました。

i子：小学生の時期、私にとってHRLは少し大人の気分が味わえる、そして、学校での友人とは違っていることを実感できるそんな場所になっていました。中学生になるとHRLの活動に積極的に自分の意思で参加するようになり、ＨＲＬ以外でもＨＲＬのメンバーと外で会うことが多くなりました。電話のやり取りを頻繁にすることも増えました。それぞれの生活の悩みや学校のことなど長電話することも多くなり、友人として他の子どもとも積極的に関わりました。

Ｆ夫：ＨＲＬの仲間というのは、普通とは少し違った仲間である。小さい頃から一緒で、キャンプでは雑魚寝をしていた間柄であるせいか、かなり詳しくお互いのことを知っている。それは、学校の友だちとは全く異質の間柄である。学校の友だちは、毎日顔をつき合わせてはいるが、やはりある程度自分というものを考えるようになってから、つき合い出した友だちなのである。だから、入学する時に、これからは今までの自分とは違う人間になろうとか、もっと自分を変えてみたいなど心に決め込んでいることと等が多いので、今までとは少し違うつきあい方をしている。ところがＨＲＬの仲間は、自分を変えようう等と試みれば、一瞬のうちに見破られてしまい、笑い話にされてしまう。いくら皆からからかわれたり、文句を言われたりしても、またもう一度溶け込むことができるし、また皆もそれを受け入れてしまうのである。ＨＲＬは何か一種の心地よさを感じさせてくれるのである。

Ｍ夫：今でも中里時代からの友だちとは本音の会話ができるし、皆も本音で接してくれていると思う。でも、自分は学校とかその他の生活では、ほとんど表面をつくろおうとする傾向があるし、そんな自分が嫌でしょうがなく思う時がある。それは、きっと中里での生活を体験したからこそで、そんな嫌悪があるからこそ、本音の友人にめぐり会った時にとてもすばらしい感覚をもてるのだと信じて疑わない。

20歳代から40歳代で、学校生活とキャンプ生活の違いについてメンバーたちが振り返った内容は、三つにまとめられる。それは第一に、学校の先生とキャンプのスタッフの姿勢の違い、つまり、学校の先生は管理者・支配者であるのに対して、HRLのスタッフは見守り・寄り添い支えてくれる大人、後には、対等に語り合える大人であったことである。第二に、学校では集団で、皆一緒に行動することが求められたのに対して、キャンプでは一人一人の考えや思いで行動できたこと、それは学校行事でも、「いじめ」といったことでも、集団と一人一人という違いが挙げられた。第三に、小・中・高と入学時点からの学校の友だちと、幼い頃から寝食を共にしてきた子どもキャンプの仲間。思春期以降ありのままに深く語り合ってきた仲間。そこには信頼感、安心感の違い、そして本音で話すことができるかどうかという違いがある。

20歳代にすでにこうした三つの視点からの違いを感じ、年月を経ても同じ視点から語り、記していることは、子ども時代の体験の重要さを示しているように思われる。HRLでは、幼い頃から子ども自身の気持ちが受け止められ、受け入れられ、そしてそれぞれの思いが実現されていたといえる。だからこそ、子どもたちは、他の子どもの思いも認めることができていたのだろう。

学校生活での学習や学校行事では、児童・生徒として求められる態度を一生懸命こなそうとして、辛い思いをしていた子どももいた。また、いわゆる「いじめ」といったことでも、学校では皆と同じようにしないと、今度は自分がいじめられるので、とにかく一緒にせざるを得ない。それは、いじめる子どもの側にも、いじめられる子どもの側にも、「逃げ場がない」状況であった。一方、子どもキャンプでは、小学校の中学年頃から気の合う仲間ができ、中学生頃からは、子ども同士の語り合いが深まり、互いの人柄や価値観も含めて、一人一人の個性を認め合い、繋がりが強まっていった。それゆえに、学校の友だちに対しては皆と同じように振る舞い、自分の本音で話すことはほとんどないのに対して、キャンプの仲間とは、ありのままの姿で、安心して本音で語り合える絆が醸成されていったと思われる。

(4) スタッフを信頼しているからこそ、反発・反抗も

50年以上にわたるHRLの子どもとスタッフとの触れ合いのなかで、子どもとスタッフが対立する「事件」と呼ばれることが二件あった。それらはいずれも思春期に生じており、その一つが「バンガロー事件」であり、もう一つは後述する「子どもからの鉄拳事件」である。はたして「バンガロー事件」とは、どのような意味で「事件」だったのだろうか。

子どもたちが中学校3年（1980年）の時である。高校受験を控えているので子どもキャンプは夏ではなく、受験を終えた春にとスタッフは考え、提案した。すると子どもたちは夏にキャンプに行ってこそ、受験を乗り越えることができる、とスタッフに迫ったのである。そのような事情でキャンプの準備が遅れ、三泊四日と短い期間となり、しかも最後の一泊は長寿園ではなく、上野村のバンガローに泊まることになった。

仕切りのない広々とした長寿園からバンガローに移動した直後に、事件は起きた。スタッフは、思

春期でもあり、バンガローは狭いので男女別に使用することを、〝当然のこと〟として子どもたちに提案した。ところが、子どもたちは今までのキャンプの流れから、気の合ったもの同士でキャンプ最後の夜を過ごしたいと強く主張した。さらに、男女別にと考えるスタッフの発想は、〝大人のいやらしさ〟であるともスタッフを批難し、怒りをぶつけてきた。

子どもたちの要求を聞いた上で、スタッフの考えも伝えるというやりとりが延々と一時間は続いた。子どもたちは自分たちの要求を通そうと、益々団結して迫ってくるのに対して、スタッフは一層困惑し、子どもたちの要求をどこまで受け入れるか、さらにまとまりのない対応となってしまった。子どもたちとスタッフの硬直した対立は、結局、「一緒に話していてよいけれど、寝る時は男女別に分かれる」という、子どもたちの要求とスタッフの考えの折衷案で落ち着いた。半ば目的を達した子どもたちは早速自分の荷物を、これと思うバンガローに運び入れ、夜になるまでそれぞれの活動に散っていった。

その後には、「どうしてこういうことになってしまったのか？」と、それぞれの胸のなかで自問する何人かのスタッフが、疲れきった姿で取り残されていた。はたして寝る時には、男女別に分かれたのか……。

①それまでに培われてきた子どもとスタッフの関係からの主張

キャンプ生活では、幼い頃から自分の行動は自分で決めることを大切にしてきた。だからこそ、バンガローをどのように使うかは自分たちの問題であり、自分たちのことは自分たちで決めたいというのが、多くの子どもたちの主張であった。それは、スタッフと子どもとが「支配と服従」という関係ではなく、「人間対人間」という関係を基本とした触れ合いを長年にわたり大切にしてきたことが、子どもに伝わり受け止められてきた結果ともいえる。また、子どもたちがあくまでも自分たちの意見を強く主張してきたことにも、幼い頃からの触れ合いを通して、きっとスタッフは分かってくれるという信頼感をもっていたからではないかと、後になってからは思われる。

②子どもは一致団結していたのか？

当時、スタッフは、子どもの主張は一致団結して強固なものと受け止め、大いに戸惑いながら対応していた。しかし、40歳代になって当時のことを振り返った語り（2012年9月）では、必ずしもそうではなかったらしい。O子は、「えっ？　男女別って普通じゃないの？」、「ある程度の歳になっているから、別々の部屋というのは普通なんじゃない？」と思っていたが、発言しなかったという。それというのも、「えー普通でしょ!!」とか、「いや、それ間違ってる！」と、その場で声に出して言う性格ではなかったからだ。だから、「何で？」と強く反発する多くの子どもたちの意見が、全体の意見みたいに受け取られていたというのだ。あの時、「普通でしょ」と考えていた子どもは、他にもいたかもしれないとも感じていたようだ。スタッフは予想外の子どもたちの主張に戸惑い、子どもの声なき声を聴くことにまで考えが及ばなかったのである。

子どもたちは思春期に至り、さまざまなことを本音で話し合う関係を結びつつあることを予測しながらも、大人たちは世間一般の常識的な対応にこだわってしまった。多くの子どもたちが反発したことによって、スタッフがHRLらしからぬ世間一般の常識に無意識のうちに囚われていたことに気づかされた出来事ともみなせよう。だからこそ、子どもたちにとっても、スタッフにとっても衝撃的な「事件」として捉えられ、記憶されたと思われる。

③生活環境がもたらすもの——広い空間と狭い空間

このエピソードは、仕切りのない長寿園から、一つ一つが独立したバンガローに移動した際に起こっている。ここで生活空間の広さについて考えてみたい。

長寿園の生活空間はとにかく広い。学校の三教室分が一部屋なのだ。それはスタッフでも「すごく広い」という印象を受ける。子どもたちからすれば、スタッフ以上に広く感じていただろう。そして広さの印象や居心地等は、一人一人の子どもによっても違っていた。40歳代となって、長寿園の空間について振り返って、

O子：子どもながら、あんな空間で、みんなで寝るっていうのには、最初、違和感がありました。広くて、何か寝るときの居心地が多少悪い気がした。何となく落ち着かない感じはした。

I子：嫌だなと思ってる女の子もいたと思う。私も嫌だった。もうちょっとちゃんと着替えて、ちゃんと仕切られたところで寝たいと思っていた。

と語っている。一方、次のような考えもある。

N夫：会社で儲かったからといって、部署ごとにパーテーションで区切ったりすると、急にコミュニケーション能力が落ちて業績が悪くなるっていうのと同じ。できればオープンな方が、相手が何をしているかも分かるし、「ちょっと」って打ち合わせもできるし。だから、長寿園のようなオープンスペースというのは、やっぱりコミュニケーションをとる意味では、絶対という気がする。デメリットよりもメリットの方が大きい。

さらに、SFも「キャンプでは、場の構造が果たした役割は大きいと思う」と捉えている。仕切りがなく広く、しかもどのようにでも使えて用途が限定されていない長寿園の生活空間は、子どももスタッフも、さまざまなエピソードに遭遇すると同時に、自分が直接関わらなくても、その様子が自然と目に入る。その展開を見ることで、考え方や行動の仕方は自分も同じだと感じたり、「えっ、どうして？」と驚いたりすることも多々あっただろう。そうした直接・間接の経験を通して、一つのエピソードにしても、人により考え方や行動の仕方は異なることを、体験を通して気づき、自分の考えや行動の特徴を自覚していったと思われる。だだっ広いという宿舎の物理的構造が、こうした子どもたちとスタッフたちの成長を支えていた。それゆえに、安全上の問題により長寿園を使用できなくなった後、キャンプ場や公民館等での三年間の試行錯誤を経て、１９９６年で最終的にＪグループの子どもキャンプを断念せざるを得なくなったのである。

(5) 仲間同士の結びつき

子どもたちが中学生になると、子ども同士でよく話し合うようになった。それは子どもキャンプの場だけでなく、日常生活にも及んだ。頻繁に電話をしたり、手紙を交換したりして、急速に子どもたちは親密になり、強い絆で結ばれるようになっていった。そうした絆について、30歳代から40歳代での、彼らの言葉を拾ってみよう。

H夫：小っちゃい頃から知ってて、ずっと今でも続いてるというのは、学校の友だちとまた違うしね。

I子：きょうだいでもなく、学校の友だちでもなく、幼馴染みみたいな、そういう人たちと知り得たことは、すごく大きいことなのかと思っています。

A夫：子どもキャンプ（HRL）の仲間は、一言で言えば〝幼なじみ〟。今でもつき合いのある幼稚園・小学校の友だちもいるが、〝幼なじみ〟と言えばHRLの仲間である。何がどう違うのだろうか？はっきりした答えはない。幼い頃から寝食を共にしてきた仲間ということなのだろうか。子どもキャンプ（HRL）の仲間たちといると、不思議な安堵感がある。親元を離れ、さまざまな問題を共に乗り越えてきた仲間であるからこその信頼感だろう。また、スタッフとの戦いのなかで培われた揺るぎない連帯感もある。私は中学校の三年間、子どもキャンプに参加せず、高校生になって再び参加するようになった。長期欠席後の参加に不安はなかった。いつもの仲間に会えることの嬉しさでいっぱいだった。久しぶりの再会でも、三年間という長い時間の壁はなく、いつも会っている仲間のように全く違和感なくとけ込んでいった。これが幼なじみということだろう。仲間同士、全面的に仲が良いわけでもない。当然、好き嫌いはある。でも、お互いの良い所・悪い所をしっかりと受け入れて、喧嘩をしようが離れて暮らそうが、みんな太い絆で結びついている。

H夫：この日（中学校2年の夏）を境に、正確に言うと夏の夕方、あの電話（HRLの仲間で集まろうという内容の電話）を境に私の世界は変わりました。HRLの人たちが、「一年に一度夏の中里で会う人たち」という認識から、日常の友だちになりました。実際、子どもたち同士での活動も、この時期から盛んに行われるようになりました。お互いの学校の文化祭に招いたり招かれたりして楽しみました。文通も始めました。毎日ポストをのぞくのが楽しみでした。

e夫：中里キャンプでは、子ども同士のコミュニケーションが活発になっていたような気がします。それ以前は、「そこに行けばいつものスタッフがいて、毎日楽しく遊べる場所」だったものが、次第に「そこに行けば同じような価値観を共有できる子どもたちと、何だかほっとする、楽しい時間が過ごせる場所」に変わっていったのです。あれ程好きだったカブトムシにもいつしか興味がなくなり、子ども同士でいろんな話をしたり、数人のスタッフと一緒にトランプ等のゲームをしたりして過ごす時間が多くなりました。こうなってくると、別に中里村まで行かなくても、と思われるかもしれませんが、昔から慣れ親しんだ長寿園の開放的な雰囲気と、ずっと変わらずにいてくれるスタッフの方々に囲まれているからこそ、あの時間を楽しめたのではないかと思います。

h子：いつの間にか私たちは大人になって子どもをもつ世代になり、中里村は神流町になり、長寿園は失われてしまいました。けれども夏の日の思い出はこんなにも鮮やかで、今でも魚尾郵便局に届いていたゆうパックの荷物を抱えて急な坂を上がって行けば、昔のままの長寿園が建っていて、そこには幼い姿のままの私たちが走り回っているように思えるのです。その思い出も、それを共有できる仲間たちがいるということも、私にとっての掛け替えのない財産です。何年もの隔たりがあって、全く違う道を歩いてきても、再会した瞬間に絆が蘇ってくる、何の打算もない気心の知れた仲間たち。他のどんな友情とも違う、不思議で、けれど心地よいこの繋がり。

g子：しばらく途絶えていたHRLの仲間たちと再会することが叶いました。各々がどう思っていたかを私が知る由はありませんが、私のなかではずっと忘れたことのないHRL。そこで共に過ごした仲間たちとの再会は、大きな大きな出来事でした。ある人は数年ぶり、ある人は20年ぶり。それぞれ空白の時間の差はあっても、言わばみーんな幼馴染み。大切な仲間です。自分の人生をしっかり歩んでいる仲間たちと再会できたことで、たくさんの刺激を受け、そしてまたこれからの私の人生は豊かになっていくのだろうと思います。そう思いたいです。それくらい、刺激的な再会でした。

Ｋ夫：（40歳代後半になって中里村を訪問して）やっぱり来て良かったなと思うのは、約40年経ってもこうして変わらずに、変わらないものは本当に変わらないな。それは、中里の空気であったり子どもの頃見ていた風景であったり、一番やっぱり変わってないのは、ＨＲＬのこの人間関係。

小学校低学年の頃は長寿園で一緒に生活していても、子ども同士はお互いの存在をほとんど認識していなかった。子どもキャンプはスタッフと一緒に過ごしたり、遊んだりすることが中心であった。それが少しずつ気の合う仲間ができ、子ども同士で遊ぶことを楽しむようになり、やがて中学生になると大きく変化していった。子どもキャンプ以外の東京の生活のなかでも互いに行き来し、手紙や電話のやりとりも盛んになった。お互いの人となりに興味・関心を抱き、キャンプ中はとことん話し合い、やがて話し好き・議論好きの子どもたちとなった。一人一人の在り様や性格を理解し、お互いのありのままを認め合う仲間たち。幼い時から意識はしていなくとも、寝食を共にしたことから生まれた、何の打算もない「幼馴染み」という繋がりは、何年も会わないことがあっても、30歳代になっても、40歳代になっても、変わっていなかった。

2　相談室に通っている子どもたちが加わって

１９７６年、子どもたちが小学校５年生になったキャンプから、横浜市のＳ相談センター精神衛生相談室（以下相談室と記す）に通う自閉的な傾向のある子どもたち６名がＨＲＬに加わった。古澤は、何を考えてこの提案をしたのか、古澤と相談室との間でどのような検討がなされたのかについて、多くを語っていない。ただ、第一世代スタッフの数名はこの相談室に非常勤セラピストとして関わっており、一方、スタッフにも学部生・院生時代にこの相談室の相談業務や夏季合宿にボランティアあるいは研修生として関わっていた者が多く、ＨＲＬと相談室との関わりは深かったのである。

相談室から参加した子どもたちは、普通学級に通学し、日常生活は自立していて、キャンプだけの参加だけではなく、子どもグループ等のＨＲＬ活動全体への継続的な参加を了承した６名であった。彼らは、クラスのなかでの仲間とのやりとりに、程度の差はあるが困難をもっているとのことであった。

彼ら相談室の子どもたちがＨＲＬに加わったことは、ＨＲＬの流れの上でも大きな出来事であったし、彼らが加わったことにより、ＨＲＬではスタッフも子どもも大いに戸惑い、考えさせられ、そして、現在でも多くを学び続けることができているように思われる。

以下、（１）相談室の子どもたちを迎えるにあたっての基本姿勢、（２）実際に相談室の子どもたちが子どもキャンプに参加した時の様子、さらに、20歳の時の記述から、（3）相談室の子どもたちはHRLをどのように感じていたのか、（4）従来からの子どもたちの変化、の順でキャンプでの体験を、それぞれがどのように受け止めていたのかについて眺めていくことにする。

（1）相談室の子どもたちを迎えるにあたっての基本姿勢

相談室の子どもたちがHRL活動に参加するにあたり、私たちはできる限りの準備を行おうとした。まず、受け入れのための小委員会を立ち上げ、キャンプに向けての手続きを検討し、その上で、スタッフ・ミーティングで各自がこの試みをどう捉えていくのかについて話し合いを重ねた。

この試みに対して、私たちが行った実際の準備は次のようなものであった。相談室のスタッフには、HRLのスタッフの一員として活動全体に加わってもらうことにした。相談室のスタッフに、子どもとの関わりのなかで日頃気をつけていることを話してもらった。そして、当初の二、三年は、相談室の子ども一人ずつに主副担当スタッフを決めた。さらに、キャンプへ行く前の子どもグループにも、相談室の子どもたちが参加するようにした。とにかく、準備できることは何でもやっておこうとしたのだ。もちろん、現実場面における対応は、その時々の各スタッフの判断に任されていた。

ミーティングでの話し合いのなかで、次のような共通理解がなされていった。これまでHRLでは、一人一人の子どもを大切に考えようとしてきた。この意味からして、従来のHRLの子どもたちも、そして、今回新たに加わる相談室の子どもたちもすべて同じである。つまり、それぞれの子どもにとって成長の助けとなるような関わり、その時々に必要と考えられる援助をできる限り丁寧に行っていくという姿勢において、どの子どもに対しても何の変わりもなく同じであるということである。もしも、そこに違いと映ることがあるならば、それはその子どもがより多くの支えや具体的な援助を必要とする事情によるのであって、あくまでも個人個人の違いによって引き起こされているのだ。

以上のような考えに基づくこの試みは、相談室の子どもたちにとっても、従来のＨＲＬの子どもたちにとっても、多くの意味があると考えた。その内容をあえて区別して述べると、まず、相談室の子どもたちにとっては、家庭・学校生活では得にくい長時間じっくりと大人と関わること、多くの子どもたちと寝食を共にして過ごすこと、キャンプ生活のなかでその子なりに自分を表現すること等を経験できるだろう。他方、従来のＨＲＬの子どもたちにとっては、今日の学校生活では触れることのない「障がいのある子ども」と直接関わることで、彼らと分け隔てなく触れ合うことができる人に成長していけるだろう。特に、柔軟な心をもつ子ども時代に生活の場で触れ合うことが重要だと考えた。

無論、私たちも相談室の子どもたちが参加しさえすれば、すぐに意味のある交流ができる等とは考えていなかった。その経過は、スタッフが彼らにどのように関わっているかによって大きく左右される面があると認識していた。

(2) 相談室の子どもたちがキャンプに参加して

実際にその年（１９７６年）のキャンプが始まった。私たちは従来の子どもたちに相談室の子どもたちについての説明は何もしなかった。仲良くしなさいとか、面倒をみてあげなさい等ということも一切言わなかった。一般に言われているようなことを鵜呑みにしたところで彼らと接してほしくなかったし、大人から言われたようにつき合うのではなく、子ども自身が自ら触れ、感じとり、考えていくことこそ大切だと考えていた。

一年目は全体として、従来の子どもたちと相談室の子どもたちとの間にそれほどの交流もなく終わった。それにもかかわらず、相談室の子どもたちにとって、子どもキャンプで同年代の多くの子どもと一緒に過ごせたことは、初めての体験として積極的な成果があったと相談室のスタッフから報告された。従来からの子どもたちにとっては、相談室の子どもたちに違和感をもったことは確かであったが、それ以上のことはスタッフには掴めなかった。一方、スタッフは、相談室の子どもたちに関わる時、自分自身に不安や戸惑いがあることに気づいた。たとえば、「中里村は盆地ですか、山地ですか、どっち?」といった質問を何度も尋ねてくるJ夫に、一体どう答えたら彼が満足し、そこから次の関わりに進んでいけるのか見当もつかなかった。Q夫はトランジスター・ラジオを片手に、天気予報やニュース、スポーツ中継のアナウンサーの口調そのままにしゃべり続けていることが多かった。Q夫にラジオで聞いたことを尋ねると正確な答えが返ってくるのだが、そのまま彼は次の場所へスーッと行ってしまう。どうしたら彼とじっくり関わることができるのか分からなかった。

それから二、三年の間は、特定の子どもが相談室の子どもたちをいじめることが目立った。「障がい児」「微細脳損傷」「自閉症」等どこかで知った言葉を浴びせたり、そのようなことを従来からの子ども同士で陰口のように話したりしていた。あからさまに彼らを避ける子どもたちもいた。上手くしゃべれなかったり、独特の話し方をしたりする相談室の子どもたちの口調を真似て、からかうこともあった。その上相談室の子ども同士で、より弱い子どもをいじめることもみられた。私たちスタッフの多くは、そういう場面に居合わせた時、いじめる子どもを怒って、いじめを止めさせようとしてしまうことが多かった。そうしながらも、それが良い対応でないことも分かっていた。

相談室の子どもたちとどう関わっていくか、相談室の子どもたちに対するいじめをどう解決していったらよいかは、当時のスタッフ・ミーティングで最も多くの時間を費やして話し合われた。個々のスタッフのなかでは、さまざまな省察がなされた。その例をみていこう。

SH：相談室の子どもが普段は何となく皆のなかにいるのですが、車で移動という時に同乗を拒否された場面で、私はなんで受け入れてくれないのという気持ちになり、何か一言言ったのでした。つい言ってしまった後で、ああ私は相談室の子の側しか見ていなかったなと思いました。

SO：私にとって三回目の合宿は、C夫や数人の子どもが特定の子どもからいじめられるということがあった年でした。それは、故意にではないにしろ、C夫らがやったことが原因で、それをきっかけに始まったことでした。ある時、いつものように一人で機嫌よく、ボールを手の甲でポンポンとついていたC夫のそのボールを、Uちゃんがとってしまい、なかなか返そうとしないという場面にぶつかりました。C夫はボールを取られても取り返すこともできず、泣きそうな顔をしていました。私は何とかしなくてはと思い、Uちゃんに（はっきりとは思い出せませんが、確か）「返してあげてほしい」と言いました。

またある時は、UちゃんやXちゃんが川で彼が嫌がることをわざとするということもみられました。私はUちゃんたちがどうしてそうするのかを、話し合ってみたい、その前に仲良くなりたいと思いました。しかし、私の対応がまずかったため、全くとり合ってもらえず、彼女たちがここでそういう行動に出ることの彼女たち側の意味や、また自分がC夫の側に立った所でしか彼女たちを見ていないなど、自分なりの思いや反省がありました。

HRLでは、対立する子どもたちがいた場合、大人の判断で正しいと思う子どもの味方となって、間違っていると思う子どもを叱ったり、たしなめたりするといった対応はしない。大人の判断で子どもを指導するのではなく、対立する双方の子どもの気持ちをできる限り分かろうとする。そこには、一見間違っていると思われる子どもの気持ちも大切にし、そうせざるを得ない子どもの背景までも捉えようというHRLの姿勢がある。しかし、相談室の子どもたちがいじめられている場面では、特にそうした背景を捉えるまでに徹しきれない現実があり、スタッフは葛藤していたといえる。

スタッフ・ミーティングでは「いじめている子どもこそ大切にしなければいけない」という発言がなされ、皆で考え込んだ。いじめている子どもは、怒られ自分を否定される体験によって自分を変化させていけるわけがない。言い換えれば、自分が大切にされる体験なくして、他者を大切にすること等できるものではない。自分が真に大切にされている、無条件に十分に受け入れられている実感が得られた時初めて、いじめている子どもも他者を大切にできるのではないだろうか。そして、確かに相談室の子どもたちをいじめているのは、HRLの子ども同士やスタッフとの活動のなかであまり充実して過ごせていないと思われる子どもが多かった。「いじめている子どもこそ大切に」ということが実行できるか否か、スタッフが問われていたのだといえよう。今まで出会ったことのない子ども同士が触れ合うという新しい体験には、そこにいる大人の在り方が重要であることは、こんな側面からもいえるだろう。

さて、ここで、相談室の子どものなかからC夫とJ夫について、子どもキャンプでどのようなことが起こっていたのかみてみよう。

C夫は、ほとんど自分から言葉を発することはなく、廊下側の大体同じ場所に布団を敷き、その上に胡座をかき、上半身を起こしたり、倒したりを繰り返したり、卵型のボールを手の甲で器用にポンポンついていたりすることが多かった。誰も関わらなければC夫は長い時間一人でそうして過ごしてしまいそうだった。スタッフは彼を自分だけの世界から連れ出そうと試みた。川遊びや山登り、化石採りに彼を誘った。彼は誘われれば「行きます！」と自分の意志を表現して出かけるのだが、歩きながら彼がどんな体験をしているのかは分かりにくかった。しかし、スタッフがC夫と同じような行動を繰り返してみる時は別だった。C夫の横に布団を敷き、同じように上半身を起こしたり、倒したりを根気よく続けてみる。彼がこちらを注目してくれる。チャンスだ、くすぐってしまえ！　C夫は声を立てて笑う。C夫と楽しみを共有できたように感じられた。また、C夫のように卵型のボールを手でついてみた。スタッフの誰がやっても、彼のように上手にはできなかった。

こんなC夫は、何人かの子どもからいじめられることが多かった。彼の卵型のボールを取り上げて、取り返そうと必死になる彼をからかったり、食事の時、C夫だけにふりかけを分けてあげず、欲しいけれど上手く言えず、言葉にならない声を発してふりかけの袋を手に入れようとする彼に、ふりかけの袋をあちこちと受け渡してからかったりした。居合わせたスタッフは、何ともいえない憤りやりきれなさを感じずにはいられなくて、からかっている子どもを思わず怒ってしまうことがあった。

ある時、C夫が着替えの途中でパジャマが見当たらないことがあった。彼は混乱し、パンツだけで辺りをうろうろした。女の子たちは「パンツ一丁のやつがいる!」「これだから嫌なのよ…」等、言い合った。

私たちはどうにか、C夫という一人の子どもの見かけだけでは分からない側面もあることを、他の子どもたちに知ってほしかった。そこである計画を立てた。小学校へ野球をしに行った時、音楽室で彼がピアノを弾く機会を作ろうというのであった。そして校庭に、モーツァルトやショパンの曲がすばらしい音色で響き渡った。野球が終わり、子どもたちがピアノの音色に引き寄せられて音楽室に行くと、C夫がピアノを弾いているのであった。彼にこんな一面があったことに、皆心の底から驚き、感激した。このエピソードは、人間には多くの側面があることを直接伝える機会になった。

J夫はいくつかの理由で、数人の女の子から随分酷いことを言われていた。たとえば、川のなかで女の子に抱きつくし、女の子が着替えている脱衣場に入って来るからいやらしいというのである。ところが、彼はいやらしい考えをもっているわけではなかった。J夫は泳ぎが大好きで、放っておいたら何時間でも川につかっていそうであった。しかし、泳ぎが上手というわけではないので、川の流れが急な所や深い所に行った時は、とにかく手あたり次第誰にでもしがみつく。それでたまたま女の子にしがみついてしまうことが何度か起こってしまった。スタッフはこれを防ごうとよく注意して見ているのだが、彼の泳ぎ方は水をはね上げる独特の泳ぎなので、調子よく泳いでいるのか溺れそうになって困っているのか、判断がとても難しい。そして、いくら防ごうとしても、やはり誰かれとなくしがみついてしまうのだった。

脱衣場の件はこうだった。長寿園では男女どちらが入浴しているかを、入り口に絵で示していた。ある日、彼は脱衣場に忘れ物をした。入り口の絵は女の子になっていたが、彼はそれに注意を向けることなく、とにかく忘れ物を取りに入った。女の子たちが大騒ぎをしたのも当然である。

スタッフはJ夫と女の子たちの橋渡し役をしていこうと考えた。思春期に差しかかり、異性に敏感な年頃の女の子に、このような経験を繰り返させてしまうのは望ましくない。彼にも他人が困ることはしないように伝えていく必要がある。スタッフは女の子たちに「J夫はわざとやっているのではなく、こうだったのだ」という説明をその時々にしていった。J夫には「そういうことは相手にとって嫌なことなんだよ」と根気強く話した。

このように私たちは、女の子たちにもJ夫にも、息の長い働きかけを続けていった。

(3) 相談室の子どもたちはHRLをどのように感じていたのか

相談室の子どもたちはキャンプをどのように感じていたのだろうか。彼らが子どもキャンプを「自分のキャンプ」として楽しみにしている様子が報告された。相談室のスタッフが「HRLのキャンプに行ったね」等と話しかけると、C夫は「行きました！」と何ともいえない嬉しそうな表情でニコニコする。J夫も「HRLの友だち大好き！　僕、Y君やI子ちゃんと同じ」と、自分はHRLの子どもの一員であることを強調する。R夫はHRLの特定のスタッフにしばしば電話をかけてきて「HRLの集まり（スタッフ・ミーティング）いつあった？　誰が来た？」とか「夏のキャンプ、今年はいつやるの？」」等と問いかけ、日常生活のなかでもHRLとの繋がりを確かめているようである。

次にHRLに継続して参加していた相談室の二人の20歳時点での表現をみることにしよう。

J夫：私はHRLのグループが今までとても楽しかった。HRLの人はみんなとても優しくてとても良かった。HRLでは結構自分の好きなようにさせてくれたことがとても良かった。スタッフのSさん、Tさんがいなくなってとてもさびしい。又、会いたい。とにかく、HRLのことは何でもとても楽しかった。ずっと私はHRLの人たちに会いたい。

【C夫のインタビュー】
中里村で楽しかったことは？…「川」
川で何したの？…「クロールと平泳ぎ」
中里村のお友だち　誰？…「Zちゃん」
小学校で遊んだでしょ？…「遊んだ」

何が面白かった？…「バスケット・ボール、ソフト・ボール」
つまらなかったこと　あった？…「なかった」
いじめられたことは？…「ないです」
また　行きたい？…「行きたいです」
ＨＲＬのキャンプのお話しして…「プロレスごっこ」
誰と？…「Ｚちゃんと」
ＨＲＬのお友だちや大人の人はやさしい？…「やさしい」

Ｃ夫にインタビューした相談室のスタッフは、「他の嫌な話をすると表情がくもることがあるが、ＨＲＬの話をしている間ずっとニコニコして楽しそう。子どもキャンプの楽しいことだけが彼のなかに残っているようだ」と感想を述べている。

あんなに意地悪されたりからかわれたりしていたのに、相談室の子どもたちがキャンプでの経験を〝楽しい経験〟として受け止めることができたのはなぜだろうか。従来からの子どもたちが、直接彼らと関わる経験を積み重ねるなかで、彼らとのつき合い方を変化させていき、徐々に助けを必要とする場面で躊躇することなく助けの手を差し伸べることができるように変化していったことが最も大きな要因としてあるだろう。一方、学校等日常場面とは異なり、子どもキャンプではスタッフが大勢おり、常に誰かが彼らを見守っていたことも大きいのではないかと思われる。ＨＲＬでは辛くなった時「逃げ場」があるというのは、従来からの子どもたちが述べているところである。こうしなければばいけないという決まりはなく、自分が過ごしたいようにしていることができる、常にスタッフがそれを受け止めているという環境は、相談室の子どもたちにとっても、守られた場であったのではないかと考えられる。

(4) 従来からの子どもたちの変化

ＨＲＬの従来からの子どもたちが、キャンプでの相談室の子どもたちとの関わりについてどのように受け止めていたのか、みていくことにする。

相談室の子どもたちが参加して二、三年経つと、彼らをいじめる子どもが出てきた。それは、相談室の子どもたちと自分たちを、全く同じだと思っていた素直な子ども心にとって無理もなかっただろう。しかし、スタッフの叱り方は、相談室の子どもたちに関することとなると、他の場合とは違い、どの子の目から見ても特別だった。それは、これまでのスタッフの諭すとか、注意するとかではなく、酷く怒っている印象を受けた。そのようなことが続くうち、子どもたちは、自然と彼らを「いじめてはならない子」という目で見るようになっていったという。

しかしその後、徐々に自然な接し方ができるようになっていった。野球やバスケット・ボールの時、上手くできない相談室の子を自分のチームに入れまいとするのではなく、やり方をごく自然に教える場面、足場の悪い所を通る時、相談室の子にさっと手を差し伸べて支える場面等を目にする時、スタッフは子どもたちの心のなかに、助けを必要としている者に温かい関わりのできる何かが育っているのを感じるのだった。すでに述べたように、中学校2年の時、従来の子どもたちはスタッフを避けるようにして長い時間話し合いを続けていたが、この自主的で自然発生的な密度の濃い話し合いのなかで「これからは相談室の子とも仲良くする」と話し合っていたことをスタッフは後になって知った。それからすぐいじめが全くなくなったわけではないが、少しずつ自分たちで相談室の子どもたちに対する関わり方を考えるようになっていったのだろう。HRL活動のさまざまな企画の連絡を子どもたちがするようになってから、相談室の子どもたちも仲間として配慮している様子がよく分かる。子どもたちが20歳の時の手記からその様子を眺めることにしよう。

AA夫：彼らが中里子どもキャンプに参加した時、はっきりいって特異に見えた。どこかおかしい人たち（この「おかしい」という表現にもいくつか問題があるような気がする）だとは気づかなかった。本当に知ったのはつい最近のことである。来た当時はいつも同じところにいやがってイヤな奴とか、誘っても来ないどんくさい奴等と悪者扱いして随分と意地悪もしてしまった。そんな時のスタッフの反応は今までいた連中に対してのものとは少々違っているように見えた。たとえば、その時の怒り方もきつくなっているように思えたし、彼らと関わっている時のスタッフはこちらの誘いにものってくれないように見えた。

こんなことを繰り返しているうちに、彼らに対して「いじめてはいけない存在」という考えが起きた。〝「いじめてはいけない存在」だということに気づいた〟という表現をしなかったのは、〝気がつく〟ということは、それが正しいからだというのに近いような気がしたからである。もし彼らが「いじめてはいけない存在」であるならば、それはそれでよいかもしれない。苦痛を感じなくてもすむことであるし……。でも、それは彼らに対して私たちの立場からの差別ではないかと思うわけである。つまり、いじめてはいけないんだと気がついた時から同じ仲間であったはずの彼らを違う目で見始めることにはならなかったかということである。

BB子：私は人とつき合う時、人間対人間という発想にこだわりたいと思っていますし、忘れそうになったら気がつきたいと思っています。たとえば、相手が異性であっても子どもや赤ちゃんであっても、そのような分類された観念に囚われたくないと思っているのです。説明するのは難しいのですけれど、これはＨＲＬからもらったものだと思うのです。相談室の人たちと一緒にキャンプで生活することが自然な形でできて（ボランティアなんかではなくて）、一人の人間として受け入れることができたと思っています。つき合い方が他の人と違った人がいたとしても、友人のなかにおしゃべりな人がいたとしても、少しうっとうしく思うことはあるかもしれませんが、やっぱり楽しく過ごすことができると思えるのです。とても個性が強くて気が合わない人がいたとしても、その人は自分に何か影響してくれると見ることができるのです。それがどんな場合でも人間関係としては、ちっとも変わらないものと思えるのです。

さて、Ｊ夫と彼を最も酷くいじめた女の子の一人Ｉ子との間には、何年か後に全く不思議なことが起きた。Ｊ夫はＨＲＬに参加した当初から、何人かの女性スタッフを好きになった。好きなスタッフのそばにいていろいろ質問を繰り返したり、「僕○○さん好きです」と言ったり、そのスタッフの膝に頭をのせたりして甘えていた。こんなJ夫が中学校2年の頃から「I子ちゃんが好きだ」と言い始めた。I子はとても困り、J夫は嫌いだと言っていた。ところが、何年もするうちJ夫はどんどんI子を好きになっていった。I子が寝転がっていたマットレスの上に嬉しそうに寝転がって「I子ちゃんのいた所」等とニコニコしていたり、I子のそばにまつわりついたりした。I子の方も、次第に以前のようにストレートに拒否の言葉を向けるのではなく、「お願いだからJ夫やめてよ」等と、たしなめるような口調で話すようになっていった。またI子から彼に話しかけたり、遊びに誘ったりする場面も出てきた。

こうして振り返ってみると、幼い子どものように可愛い側面をもったJ夫であったが、やはり彼も思春期で、異性に対する感情をまず女性スタッフへ、次いで同年代の女の子へと彼らしく素直に表現していたのだと思われる。一方I子は、初めJ夫をいじめていたし、その後も嫌がったりしてはいたが、20歳になった時、次のような文を寄せてくれた。

I子：そうそう、HRLでとっても嬉しかったことの一つに、誰にも言わず内緒にしていたことなのですが、J夫に好かれたことというのがあります。嫌なふりはしていましたが、とっても嬉しかったのです。J夫や相談室の子に好かれるということは、何か、外見が可愛いとかそういうのではなく、「私の中にある何かが認められたのではないかな？」なんて自己中心的に思ってしまうのです。HRLに入っていなかったら、相談室の子に対する見方も違っていたと思うし、自然と一緒に生活したことにより、相談室の子も受け入れられたような気がします。

あんなにいじめていたI子が、このように思っていたことを知って、私たちスタッフは微笑ましく思ったのだった。

前述のように、相談室の子どもたちが参加してきた時、スタッフは子どもたちに何の説明もしなかった。新しく入る子どもたちと仲良くしなさいとか、助けてあげなさいとも言わなかった。子どもたちが違和感をもち、さまざまな理由で彼らをいじめた時、スタッフたちは従来の子どもたちを怒って止めさせるような対応をしばしばしてしまった。しかし、それでいいとか、仕方ないとは決して考えず、従来の子どもたちも相談室の子どもたちも共に大切にするという基本を互いに確かめ合い、実際の場でもそうしようと努めてきた。

一方、従来からの子どもたちは相談室の子どもたちに直接接して、生活を共にするなかで、初めは違和感を抱いた相談室の子どもたちも、個々の違いはあるにしても、人間として自分たちと全く同じなのだということが実感でき、共に生活する仲間として捉え、関わるようになっていったといえる。その長い過程のなかで一時期彼らを酷くいじめたり、いじめることを怒って止めさせようとするスタッフに反感をもったりしたことも事実である。スタッフが怒るので彼らを「いじめてはいけない子」と捉えたこともあったようで、スタッフが「助けの必要な子どもを支えているのだ」と子どもに分かってもらえるように対応しきれなかったと反省するところである。しかし、たとえスタッフが上手く対応できずに紆余曲折があったにしても、従来の子どもたちは自分たちで彼ららしい関わり合いを築きあげていった。

3　子どもとスタッフが一堂に会して考える

(1)　初めての試み――イソップの「キツネとブドウ」を手がかりに

子どもたちが中学生になると、それまで中里キャンプで会うだけであった子どもたちは、東京に戻ってからも互いに行き来するようになった。子ども同士で、それまで行動範囲ではなかった所まで電車に乗って出かけたり、手紙をやりとりしたり、長電話をしたり、学園祭に訪問したり等の交流が盛んになっていった。

一方、ＨＲＬでは、小学校6年生の頃から「子ども会議」や「中里会議」を開き、子どもとスタッフの率直な話し合いを重ねていった。

そのようななか、中学校3年（１９８０年）の子どもキャンプ最後の一晩は、長寿園が使えなかったため、上野村のバンガローで過ごすことになり、そこで起こったのが前述の「バンガロー事件」であった。

こうした子どもたちの姿からか、古澤は子どもたちが高校1年になった時（１９８１年）、「長寿学園自主講座」と称する試みを始めた。中里キャンプが始まって以来初めて、参加している子どもとスタッフ全員が一堂に会して、それぞれが長寿園の階段に座り、踊り場の古澤を見下ろす形となった。まるで階段教室のようであった。

古澤はゆっくりと語り始めた。**「自分の心っていうものについて、今日は一つ例を挙げて、どういう時に感じられるかっていうことを考えてみたい」**。しかし、子どもたちはザワザワと、なかなか聴く態勢にはならない。古澤は静かに続ける。**「みんな知っているイソップのキツネとブドウの話」**。子どもたちは、思いつくままに知っていることを口々につぶやく。なかには英語の授業でやったと言って「One day a fox …」と唱え出す子どももいる。古澤は、それらに応じつつ、**「イソップの話を、僕なりに変えてみる。変える前に初めは筋書きをその通りに言って …」**と筋書きを述べた後、**「キツネは多分その時、黙っては立ち去れなかったんだと思う。」「どうしてキツネは、〝あんなブドウはまずくて食えないや〟と言わないと、その場を立ち去れなかったんだろうか」**と子どもたちに投げかけた。子どもたちは口々に「どういうこと？」「恥ずかしいのかな …」「笑ってごまかす …」等々、思いついたことをつぶやく。茶化す子ども、考え出す子ども、考えようとせず簡単に決着をつけようとする子どももいる。発言せず、おそらく無言のまま考え込んでいる子どももいただろう。古澤は子どもたちのつぶやきに、**「恥ずかしいというのも、人の心だろ」「笑ってごまかすのも、捨て台詞と同じ…」「それはみんな捨て台詞だろ …」**と応じていく。子どもたちは次々つぶやく。**「八つ当たりしないでもその場を立ち去ることができるようにするのには、どうすればできるか …」**という古澤に対して、「答は？」と突っ込む子どももいる。

「一つ話そうか、それは正解ってわけじゃないよ、僕の考えで、別の考えもあるかもしれない。」「キツネは自分で取ろうとしてやってみたけど取れない事態に出会って、驚いた。驚いたんだけど、それを即座に必死にかき消そうとした。予想していなかった。おいしそうと思っていた時は取れるってことは自明のことだった。自分の予想に反することに出会った時、それに直面した時、自分の気持ちのなかに受け止めることはすごく難しい…。」「自分にできないということをキツネは認められなかったから、そう思わないようにするには、相手を取るに足らないものだっていう風に…」「相手が悪いって風にする…」。古澤の話に、次第に子どもたちは静かになり、考え始める。「心っていうのは、自分の気持ち…」「人から見て、心って見えないじゃない？　何を考えてるか分からないじゃない？」一人一人がそれぞれに考えを口にしていく。

「ちょっと待ってくれる？」と古澤。「両方とも自分の気持ちなわけ。自分は予想していなかったけどできないやという気持ちと、あれはまずいブドウだって気持ち。でも、自分の気持ちを押さえちゃったわけ。あのブドウはダメなんだ、と。両方の気持ちのなかで、どっちを自分の気持ちとして重視していくのかっていうこと、そういう風に僕は考えたわけ」。子どもたちは「難しい…」と口々につぶやく。「えーい、これでいいやって思う気持ちだけが自分の気持ちっていうのではなくて、押し殺してしまった方も自分の気持ちって考える。普段の自分の生活のなかで、そういう気持ちがあるってことを一つの例としてキツネのことで話した。今、僕が話したことだけじゃなくて、思いつくことを少し話してみる？」。

子どもたちは、古澤の言わんとすることが何であるのか、困惑している。「何がやりたいのか分からない。」「主題っていうか…」。それに対して古澤は、「その辺のところ考えていることを話そう…」「自分の気持ちっていうものを感じることってあるじゃない。そういう風なことを、キャンプの期間のなかで、少し何人かずつ輪になって話し合いの時間ていうのを作っていきたい」。すると子どもたちから、「そういうことはやっているよ。スタッフも仲間に入れてっていうこと?」「うん、僕らも一緒にやりたい」と古澤。「こういう感情もあるってことを見つめろっていうことなの?」…

さらに古澤は、「自分の気持ちではあるけれど、自分では気づかないもの。人間の心っていうのは、氷山のようなものっていう考えがある。海面の上にあるものは、自分でも分かる自分の心。その何十倍も海面の下にある、自分では気づけない心。下にある心っていうのを分かっていくのは、上にある心を増やしていくこと、それは人間が大きくなっていく意味なんじゃないかな」と続ける。「どうして分からない心ってあるわけ?」「心って何かわからない」「分かっているけど、分かってないってこと?」「漠然としてて、何言っていいか分からない感じ…」深く考え出す子ども、考えるのを止めようとする子ども…。すると誰かが、「好きなんだけど、何かきっかけがあって嫌いになる。本当は好きなんだけど、表面に出ているところは嫌いになる…」と語り始めると、「分かる、分かる…」と、にわかに子どもたちは身近な例として考え出す。「出ているところと出ていないところ…」「そんなことといちいち考えてたら頭痛くなる…」という子どももいる。

「まあ、今回はこのくらいにしよう」と古澤。「何かスッキリしないよ」という子どもたちに、「一つの何か目標というのかな、自分の気持ちを自分でも分かるようになっていくっていうのを、どうしていったらいいかって考えていこうって」。D子が「どうすれば自分の気持ちに素直になる…」「でも、それがいいことか…」「今のD子ちゃんの表現に対して、みんなそれぞれ受けとり方があるじゃない、それをお互いに話し合っていく。」「じゃあ、この場は解散にしよう」と終わった。

20歳になった子どもたちがこの時の体験について書いた文章を眺めてみよう。

L子：それから、夜、長寿学園自主講座というのがありました。その時は、イソップのお話について話し合ったのです。そのことはあまりよく覚えていないのですけれども、その後で子どもたちだけで輪になって寝っころがったりしながら、夜を徹して真剣に話し合いました。内容は、どうして私たちは勉強しなくてはならないのかに始まって、宇宙はどうしてあるのだろうというような限りないものでした。後にも先にも、あんなに真剣になったことはないというくらいに皆目を輝かせながら話し合いました。

D子：そんな話の中で一番印象に残っているのは、「キツネとブドウ」というイソップの童話からの話でした。これははじめて長寿学園自主講座と名づけられた古澤先生のお話から始まり、私たちに疑問を投げかける話し合いが行われた時の話題で、もとは小学校であった長寿園の黒光りした木の階段に、皆だんだんに座わり、その下の踊り場で古澤先生がお話をしました。先生が話し終えた後で、「大学の学生よりずっと真面目に聞いてくれた」と言った言葉は、自分が大学で講義を受けるようになっても思い出すことです。

「キツネとブドウ」の話というのは、喉の渇いたキツネが、瑞々しいブドウを見つけて喜んでそれを取ろうとするのですが、いくら試みても取ることができなかったので、あのブドウはすっぱくて美味しくないと捨て台詞をはいてその場を立ち去るという、ただそれだけの話なのです。その時、有名な童話なので私も知ってはいましたが、古澤先生から「喉が渇いたキツネがいくら試みてもブドウを取れなかった時はどう振る舞ったのでしょうか」と聞かれて予期せぬ質問に驚き、どう答えていいのかも分からなくて、棒を探して取るなどとずれたことを口にしてしまいそうになりました。

この話では、キツネがブドウを取って食べることができなかったために、そのブドウを瑞々しく美味しそうなものから、すっぱくまずいものへと変えてしまったことに注目しているのでした。自分はどうするのか考える時、無意識にどうすることが一番良いのか考えましたが、良い答が見つからず、もう一度喉の渇いた私がブドウを見上げている姿を想像してみました。しかしキツネと同じことはしたくないなと思うと、自分はどうするかも分からなくなってしまうのでした。

もちろん、古澤先生はこれが一番良い答です等と言わないので、その小さくて深い問題は古澤先生の手から私に手渡されてしまったわけです。その後何となく不可解な気持ちをもったまま大きな明るい部屋に戻って、今度は私たちのなかでの話が始まるのです。そこでどんな話になったかよく覚えてないのですが、いつの間にか「生死」について話をしていたように思います。

長寿学園自主講座に対する子どもたちの捉え方はさまざまであったが、この二人の文章にもみられるように、その後、子どもたち同士、子どもたちとスタッフが深く語り合うきっかけとなっていったことは確かである。

(2) 子どもからの鉄拳

何回目の長寿学園自主講座であっただろうか、ＳＤ男に自主講座を託して古澤が出かけていたことがある。張り切ったＳＤ男は、当時自身が学んでいたＪ大学付属のカウンセリング研究所で受けた講義から、知情意の三つの機能について子どもたちに話してみようと考え、語り始めた。そこで「事件」は起こった。前述の「バンガロー事件」と並ぶ、これまでに形成されたスタッフへの信頼感と、年齢とともに育っている自立心から生じた反発・反応であったと考えられる。

まず、ＳＤ男の回想である。

ＳＤ男：私たちの精神活動には、知情意の三種類があって、とくに情が軽視される傾向が学校教育にあるのではないか云々　…。広間で集まってきた子どもたちを前に、私はいつの間にか講師気取りになって、白板を背に熱弁を振るっていたらしい。子どもたちは、私の前に座って聞いている。ところが、思うように子どもたちが私の言わんとするところを理解してくれない。幾つか出される質問と私の説明が噛み合わない。そんなやりとりが少し続いているうちに、何だか場の雰囲気が固くなっていくようだった。私は何だか焦りだし、自分としてもこんなはずではない、といった気持ちになると同時に意固地になるというか、すこし上滑りするような感じで、「だってそうじゃないか、分かんないかな?!　…」というような気分になって、白板の図や文字を示しつつ自説を力説するといった感じとなった。すると、前の方に座ってそれまで幾つか質問したり反応したりしていたA夫が急に立ち上がって、「ふざけんじゃねー!!」（確か、そう言った）と言って、私の顔面をかすめて白板に一発パンチを入れたのだ。彼は怒りで泣き出さんばかりであったような気もするが、その後、長寿学園がどうなったか、頭が真っ白になったせいで記憶にはない。一生懸命に冷静を取り繕ってはいたと思うが…。ただ、少し離れたところで聞いていた女性スタッフの何となく冷たい視線を覚えている。

一方、パンチを食らわしたA夫は、その後、当時を振り返って何度か語っている。

A夫：見下した目線がいけなかった。知ったような口を利いていたから、ちょっと脅かした。

A夫：知ったような口利かれるのが多分、あの頃の年齢としてはすごく嫌なことだ。抑えつけられるのが嫌で、何だ？それ？みたいな。

A夫：押しつけようとしてるように僕らは感じたんだよね。だって、女子とかも皆反論してたもんね。でも、SD男さんはそうじゃないみたいな。

A夫：SD男さんはあんなに一生懸命なのに、俺たちに何にも入ってきてない、内容について何の記憶もないし。ＳＤ男さんをいじめた記憶しかない。

翌日ＳＤ男は、Ａ夫と話し合おうとしたようだ。

Ａ夫：翌日、「あれは、どういうことだったの？」と理由を尋ねて、「ああいうのはよくないよ」って、注意してきた。

二人は冷静に話したが、Ａ夫は前日の自分の行動の理由を全く理解してもらえなかったし、反省もしなかったと思うと述べている。

二人を見ていたＭ夫は次のように記している。

Ｍ夫：そういえばこんなことがあった。何についての話だったか忘れたが、長寿園で夜皆でミーティングをしていた時のことだ。たしか進行役がＳＤ男さんで、彼がかなり一方的に話を進めていった。それは、ＳＤ男さんにしてみれば、当然の話を説明していただけなのだろうが、あまり押しつけがましい態度に納得がいかず、ついにはＡ夫が泣きながら抗議をするまでになった。ここまできて、やっとＳＤ男さんも自分の態度が傲慢だったことに気づき、その後は皆でなぜそうなってしまったかについて、夜更けまで話し合った。

大人が自分の考えに固執し、上から子どもに押しつけようとする時、この頃の子どもたちはそれを察知して反発する。特に、子どもの気持ちに寄り添うことを大切にしてきた子どもキャンプの場では、子どもたちはスタッフの在り方に敏感で反発は強くなったのだろう。これも、子どもと大人が本音で語り合おうとする時、対等であること、同じ地平に立つことが重要であることを痛感させられる「事件」であった。

(3) 本音で話し合う仲間へ

長寿学園自主講座について、一人の子どもは以下のように記している。

CC夫：子ども同士が集まっていたのでは話題にならないような心理的な話を、スタッフと一緒に話し合ったのは非常に楽しかった。話し合いが終わっても、雰囲気にのまれてしまって、もっと話したいからと何人かで集まって議論したこともあった。話し合いをした印象は長寿学園が一番強いのだが、それ以外にも死、恋愛、結婚、人間関係等、話し合いをしたことはいろいろあった。こうした話し合いを通してスタッフや仲間同士の親睦が深まり、ＨＲＬではスタッフや仲間に何でも話すことができるのだと思えたことは大きなプラスであった。

長寿学園自主講座は、第一回のイソップの「キツネとブドウ」で始まり、「知情意」の事件を挟んで、数回続けられた。あるテーマについて語られたり、演じられたり、あるいは何人かのスタッフによって朗読されたり、またあるいは子どもが親子の葛藤を演じることもあった。これらを通して、子ども同士が、また、子どもとスタッフが、同じテーマについて、さらにそこから発展して人間が生きていく本質に関わること等について、真剣に語り合うことができた。ある子どもは、次のように綴っている。

DD子：「考え込むタイプが多い」ことに関しては、HRLの影響ということも考えられると思います。キャンプの時等、あれほどバカ騒ぎを展開した後で、夜中にあの布団の山の上で真面目に語り合うこともしばしばありました。いつも馬鹿をやっているけれども、真面目な話合いもできる、皆がそれぞれのポリシーを持っているということは、私たちの誇りでもあると思います。HRLの激論を通して「考え込むタイプ」の人間に育っていったみたいなところもあるのではないでしょうか。それと同時に、「本音で話せる友だち」へと、私たちの友情が育ったのはいうまでもありません。

古澤の意図、すなわち「都合の悪いことを無意識に押し込めるのではなく、それをそのままに認める」「それぞれの無意識にある心にも気づき、大きな人間になっていってほしい」「対等に深く語り合う関わりを育み大事にして欲しい」といった意図は、見事に結実したといえよう。HRLでは、このような語り合いがあるからこそ、青年期を迎えた子どもたちは積極的参加者となって、キャンプに参加し続けていったのではないだろうか。

5章　30歳代から50歳代での語り合いによる振り返りから

4章では、児童期から青年期までの子どもキャンプについて、20歳時点での振り返りを中心に眺めてきた。ここでは、まず、HRLのその後の展開について触れ、それに続けて、30歳代から50歳代で子どもキャンプを振り返った記述や語りから、それぞれの人生におけるHRLの意味について考えていく。

1　その後の展開

(1)　もう一つの子どもキャンプ

これまでは、1965年から1966年にかけてA病院で出生した子どもたち（Sグループ）の5歳時点から行ってきた子どもキャンプについて述べてきた。冒頭の「活動の概要」で示したように、彼らのキャンプと平行して、もう一つの子どもキャンプが行われていた。それは、1976年から1979年にかけて都内N病院で出生した子どもたち（Jグループ）との取り組みである（表1参照2ページ）。

これについても、出生直後からの子どもの発達と人との関係、特に母子関係と子どもの発達との関連を追跡的に検討していく研究プロジェクトとして開始された。したがって、彼らの母親、つまり第一世代が協力を承諾したことにより、第二世代の子どもたちは生まれながらにして協力児となり、5歳時点から中里村での子どもキャンプに参加するようになったが、それは1965年生まれのSグループの子どもたちと同様である。

1982年のJグループの最初の子どもキャンプには、5歳を過ぎた子どもたちに呼びかけたが、二回目以降は、Jグループ全員に呼びかけるようにした。このグループ内の3歳の年齢差は、キャンプ生活において子ども間の関わりに影響していったように思われる。また、1983年のJグループの第二回子どもキャンプからは、高校3年になったSグループの子どもたちの数人が「スタッフ」として参加するようになった。

その後、子どもキャンプの宿舎である長寿園が安全面から使用できなくなり、1996年を最後にJグループの子どもキャンプを断念した。それまでの約10年間は、両グループの子どもキャンプは別々に実施された。たとえば、Jグループのキャンプから連続してSグループのキャンプが行われることもあれば、全く別の日程で行われる等、その実施時期は年によって異なった。

Jグループの子どもたちが幼児期から小学校低学年にあった時期、スタッフは子どもの遊びや活動では「頼られる存在」であったことは、Sグループと同様だった。その後、特に女児においては、年少児が年長児に憧れて、一緒に行動しようとする姿や、年長児はお姉さん的に振る舞うといった姿もみられた。年齢差を超えて一人一人が自分のやりたい過ごし方ができるように支えることを、スタッフは心がけた。一方、男児については、参加児が少なかったこともあるが、それぞれに興味のあることをやっていたことから、そうした年齢差が影響している様子はみられなかった。したがって、スタッフは一人一人の「子どもの変化に対応しつつ年齢差をカバーする存在」となっていったといえよう。そして彼らが思春期になると、子どもたちの関心は大人であるスタッフから仲間に向き、子どもたちはスタッフを排除して、仲間同士で語り合うようになっていった。子どもキャンプにスタッフとして参加したSグループのメンバーの一人H夫は、思春期になったJグループの子どもたちのこうした変化を、

H夫：ありゃぁ始まっちゃったのね。私も子どもキャンプに参加してきたので、いずれ彼らにもそういう時が来ると思っていました。スタッフには干渉されずに自分たちだけの時間をもちたいということなのでしょう。私もトイレに立ちました。トイレに行くのには、彼らがいるすぐ側を通らなくてはなりません。かつての自分たちの姿をそこに重ね、微笑ましく思いながらトイレに向かうと「聞かないで！」と怒られました。

と記し、自らのSグループでの経験を重ねてみていた。

また、H夫は、スタッフとしての自分の経験を次のように振り返っている。

H夫：私が子どもキャンプで熱をだし、布団部屋で寝込んでいたとき、女性スタッフの一人がつきっきりで看病してくれた。退屈しないように映画の話をはじめ、いろいろな話を聞かせてくれた。こんなに長い間一緒に居てもらっていいのだろうかと、子どもながらに気にするくらい献身的に看病してくれた。こうした経験から、スタッフとして参加したJグループの子どもキャンプで、熱をだした子どもがいたので、自分が子どもの頃にしてもらったように、その子の傍らについて看病することにした。ところが、すぐに話題はつきてしまうし、他の子どもたちが気になるし、落ち着かない。そこでその子に「ちょっと向こうの様子を見てきていい？」と尋ねると「行かないで！」と言われてしまった。かつて自分がしてもらったことの１００分の1も、その時はできなかった。

子どもキャンプが実施できなくなってからは、Jグループの子どもたちとスタッフとの関わりは10年近く中断を余儀なくされた。しかし、その間にもJグループの子ども同士では、個人的なやりとりがインターネット等を介してなされていた。たとえば、高校で留学して以来アメリカで生活していたc子を、仕事で海外出張したf子が訪ねるといった交流もなされていた。

そして、『「続 見えないアルバム」刊行のための寄稿集：HRL40年の歩み』（杉本・上野編著 2007）には、40歳代となったSグループの7名、20歳代後半から30歳代となったJグループの5名、40歳代から70歳代となったスタッフ12名、および母親たちが原稿を寄せた。この『寄稿集』をまとめることを契機に、両グループメンバーとスタッフの三者は、再び連絡を取り合うようになっていった。そこには、コミュニケーション・ツールとしてのインターネットの進展が大きかったといえる。

(2) 子どもとスタッフの語り合いの進展――二つのグループが融合して

Sグループで子どもグループを始めた1968年以来、2018年までの約50年間にわたり、月一、二回のスタッフ・ミーティング（定例ミーティング）は継続していた。子どもキャンプ前後のスタッフ合宿、およびキャンプ中のスタッフ・ミーティングも含めて、このような長期にわたるミーティングの積み重ねによって、スタッフ間の信頼関係は深まっていった。2007年以降、縦断研究を創始した第一世代スタッフと大学院生・学部生時代から参加した第二世代スタッフとで、徐々に世代交代がなされていった。そして、Sグループメンバーと第二世代スタッフは、子どもたちが20歳の時に共同で出版した『見えないアルバム』（古澤編 1986）を改めて読み返し、「HRLの基本姿勢」を見直したり、子どもキャンプ体験について語り合う合同ミーティングを数回行ったりした。そこで語られた具体的内容は、この後の2で紹介することになるが、成人したばかりの20歳での振り返りと30歳代から40歳代での振り返りの違い、子どもキャンプで体験したことがそれぞれの職業選択や人との関わりに生涯的ともいえる影響があったこと等、大変興味深い内容が語られた。

こうしたメンバーたちとの合同ミーティングと平行して、2009年以降スタッフ間でも、それぞれの人生においてHRLに参加したことにはどのような意味があったのか等について、二回の合宿を含めて定例ミーティングで語り合い、14名のスタッフが手記として冊子にまとめた。

２０１１年６月に、ＨＲＬの創始者古澤が他界した。その後、ＨＲＬ活動は第二世代スタッフが引き継いでいる。２０１２年からは毎夏、Ｓグループメンバーとスタッフは、子どもキャンプ地であった旧中里村を日帰りで訪問するようになり、そこに、Ｊグループメンバーも加わった。両グループのメンバーたちとスタッフたちは、それぞれの個性豊かなライフコース（人生）において、当時の子どもキャンプでの自己決定体験（スケジュールに従うのではなく、自分の行動を自分で決めて過ごす体験）が、その後の自分の生き方や価値観、自身の子育てや仕事での次世代の育成にどのような意味をもち、どのような影響を及ぼすようになっていったか等について、語り合いを重ねてきている。それは強い信頼関係に裏打ちされた、対等に語り合う「対話的関係」に繋がっていったといえよう。

スタッフとメンバーたち、そして彼らの母親たち（第一世代）との「対話的関係」は、現在も継続している。加えて、Ｓグループとｊグループのメンバー間、さらにメンバーの子ども、すなわち、第三世代（第一世代の孫世代）も加わり、三世代間とスタッフとの交流へと広がっている。また、海外で生活するＪグループのメンバーの家庭をスタッフが訪問し、配偶者と子どもたちとの交流も行われた。

２０１８年秋からは、東京近郊の農園で、農業体験を新たな活動として行うようになった。この農園は、パートⅡ６章１で紹介するＳグループメンバーＮ夫が運営を担っている。そこには両グループメンバーの子ども、つまり第三世代も参加しており、Ｓグループメンバーは、Ｊグループメンバーの子育てを見ては、自分たちの子育てを振り返る機会となっている。一方、Ｊグループメンバーは、か

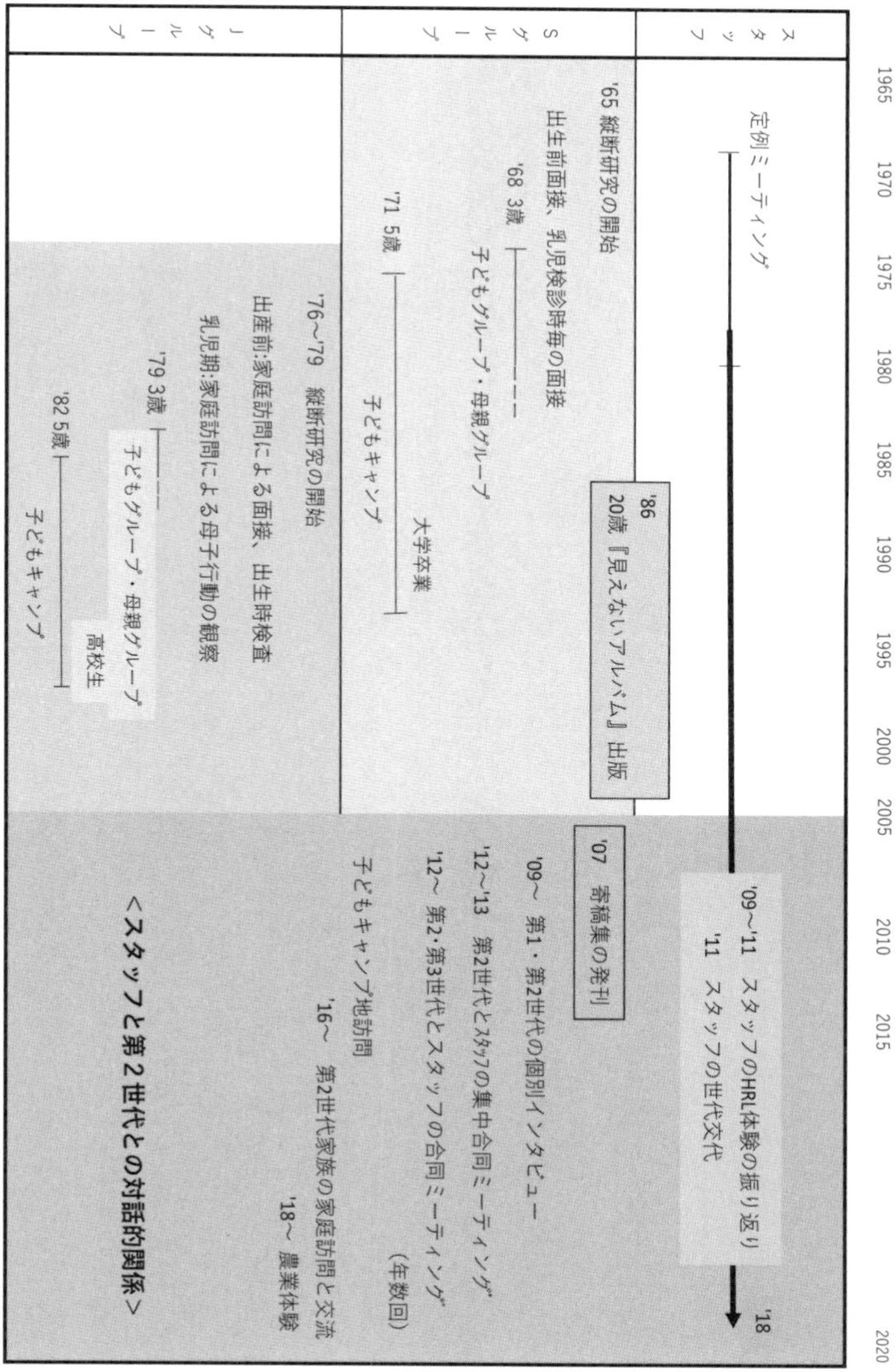
スタッフ
Sグループ
Jグループ
1965
1970
1975
1980
1985
1990
1995
2000
2005
2010
2015
2020
定例ミーティング
'09〜'11 スタッフのHRL体験の振り返り
'11 スタッフの世代交代
'18
'65 縦断研究の開始
出生前面接、乳児検診時毎の面接
'68 3歳 子どもグループ・母親グループ
'71 5歳 子どもキャンプ
大学卒業
'86 20歳『見えないアルバム』出版
'07 寄稿集の発刊
'09〜 第1・第2世代の個別インタビュー
'12〜'13 第2世代とスタッフの集中合同ミーティング
'12〜 第2・第3世代とスタッフの合同ミーティング
(年数回)
子どもキャンプ地訪問
'16〜 第2世代家族の家庭訪問と交流
'18〜 農業体験
'76〜'79 縦断研究の開始
出産前:家庭訪問による面接、出生時検査
乳児期:家庭訪問による母子行動の観察
'79 3歳 子どもグループ・母親グループ
高校生
'82 5歳 子どもキャンプ
<スタッフと第2世代との対話的関係>

図4 2つのグループの活動の流れ（藤崎他（2019）より加筆修正）

つてのSグループメンバー同様、子どもにもＨＲＬのようなキャンプを体験させたいと思いながらも、思うようなプログラムがないことから、子どもを連れてＨＲＬの活動に家族で参加するようになったようである。

Sグループでは50年以上、Ｊグループでは40年以上にわたって、どのようなＨＲＬ活動が行われてきたのか、そして、二つのグループがどのようにして一つに融合していったのか、図4はその過程を表している。この図からは、ＨＲＬが、子どもたちにとっても、スタッフにとっても、まさに「生涯にわたる人間関係の体験の場」であったこと、そして現在も、さらにこれからも、「人間関係の体験の場」で在り続けるだろうことが分かるだろう。

2　年を重ねたからこそ見えてくる子どもキャンプ体験

メンバーたちが、30歳代、40歳代と年を重ねてきたからこそ見えてきた子どもキャンプの体験の意味がある。ここでは、メンバーたちが『寄稿集』に寄せた手記と、その後の合同ミーティングや個別インタビューでの語りから、自分の行動は自分で決めて過ごしてきた子どもキャンプの体験の意味を探っていく。

（1）子ども時代の自由が意味すること

子どもたちは、「ＨＲＬではやりたいことができた！」「何をしても、何もしなくてもよかった」という。その背景には、どのようなスタッフの姿勢があったのだろう。中年を迎えたＳグループのメンバーたちが、子どもキャンプを振り返っての語りと手記から、何でもやりたいことができた背景、逆に何もしないでも過ごせた背景について、彼らがどのように捉えているか、まずみていこう。

自由のなかにも、わきまえるところがあったことをＡ夫は語っている。

Ａ夫：子どもキャンプでは、こういうことをしていいとか、悪いとか、基本、どこまでやったら大丈夫か大丈夫じゃないか、分かるんだよね。…　結果を考えないで、攻撃し続けることはない。多分、そうしたことをちゃんと反省しながら、そうしたときにどう対応すればいいのかも、すごくよく分かっててやっていたから。

Ｄ子は、時間を気にせずに過ごせる開放感について記している。

Ｄ子：中学生になってからＨＲＬの友だちの仲が急に親しくなり、それ以降のキャンプでは、仲間の皆に会って話ができることと、スタッフの人とも心を割った話ができることが大きな魅力でした。でも、私にとっては、家で生活している時の夕方から夜の時間の制約から自由になれることが一番うれしいことでした。友だちとの長話、クラス会が盛り上がってしまったなどの理由で遅れる帰宅時間、話しても話し足りない長電話、いつも胸に圧迫感を感じて時間を気にしなければならないのです。これは当然のことなのかもしれませんが、少なくともＨＲＬのキャンプでは、就寝も起床も決まっていない上に、雑魚寝なので寝てしまうまで夜は来ないので、時間を気にせずに好きなだけ話ができるわけです。

Ｈ夫は、自由を支える大人の心構えとその意味について語っている。

Ｈ夫：Ａ夫が言ってた、自分の子どもが木に登って、落っこちる。その体験をさせることも、結構、その子どものためになるって。でも、Ａ夫の気持ちとしては、落っこちても、すぐ抱き抱えられる、骨折したら、もうそのまま病院に突っ走る。それくらいの気持ちでいたと思うんだよね。自由にさせてるんだけど、それは、その子の存在を受け止めるっていうことだと思う。それがＨＲＬだったんじゃないかと思うね。そういう気持ちで大人がいたから、私たちは、好き勝手にやって遊んでいられたって。Ａ夫の子どもも、親がそういう気持ちでいるから安心して、落ちても大丈夫って木に登れたんだと思うね。そういう風に受け止めるの、君はそれでいいんだよって、受け止めるっていう思いが、すごく大事なんだと思う、自由にさせることの前提として。

そして、ＨＲＬで実現されていたように、子どもを規制するのではなく、子どもの自由を守ることの難しさにまで思いを巡らしている。

D子：このようなことを考えるとHRLは随分難しいことをやっていこうとしたのではないかと思われます。大人が子どもに対して自分の主観でものを教えることはたやすいし、規制することで安心感を得ることもできますが、それを最小限にとどめて見守るというのは、思うより難しく無意識にできるものではないと思うのです。

子ども時代「何でも好きにやれたこと」の背景には、どのようなスタッフたちの支えがあったのか、その支えに守られながら好きなようにやる体験を通して、自らやってよいことの限度を知り、行動を律していけるようになった。そして、長じて自分が子どもの世話をする立場になった時、その体験の影響が及んでいることが分かる。子どもに自由を保障し続けることは、何十年という長い時間経過のなかで、初めてその意味が表れるという事実を物語っているといえよう。人の発達は生涯という長い目でみる必要があると、つくづく感じるのである。

(2) スタッフに話を聴いてもらったこと

スタッフが子どもの話を丁寧に聴く時、子どもは何を感じていたのだろうか。長じて、いくつかの中学校で吹奏楽部の外部指導員をしているSグループのO子は、生徒の気持ちの理解や生徒と向き合って話す時の様子を、以下のように記している。

O子：まず、生徒たちにとって、私は大人だけれど学校の先生とも親とも違う存在、という面では子どもキャンプ（HRL）のスタッフと似ています。

生徒の指導中、何か悲しそうだとか悩みがあるようだとか、そういうことに気づくことも少なくありません。それは、どんな人でも多かれ少なかれ、自分の内面が自らの演奏する音楽に出てしまうからです。大人だって出てしまうのですから、心の柔らかい中学生はなおさらです。そんなときは個別に呼んで話を聞きます。大抵の場合、生徒は素直に話してくれます。何故なら、私は学校とも家とも関係のない大人だからでしょう。私も中学生の頃、子どもキャンプのスタッフに話を聴いてもらったことが何度かありました。スタッフは、無理に聞き出すわけではなく自然に話させてくれて、聴いた後も、どうしろこうしろと言うわけでもありません。こっちが聞けば、アドバイスではなく、あくまでも自分の意見を述べるのでした。今の私も同じです。話を聞かせてくれた生徒に、特にアドバイスをするわけでもなく、ただ聴くだけです。子どもキャンプのスタッフに話を聴いてもらった経験がなかったならば、生徒から話を聴いた後に、何かアドバイスをしてあげなきゃと悩んだでしょうが、ただ聴いてもらうだけでよかった自分のことを覚えているので、ただ聴いているのです。

子どもを理解するために大人はさまざまなアプローチをとるが、その一つにカウンセリングでよくいわれる「傾聴」がある。相手の話すことをただ「聞く」のではなく、丁寧に「聴く」のである。子どもの立場にしてみれば、素直に自分の気持ちを話せるかどうかは、相手によっても違うだろう。O子は、親でも学校の先生でもない外部指導員の立場は、子どもキャンプのスタッフの立場と似ていると考えている。そして、自分が中学生の頃に話を聴いてもらった時のスタッフの対応、すなわち、自然に話させてくれて、聴いた後にはどうしろ、こうしろと特に言わない。でも自分から尋ねた時には、あくまでスタッフ自身の意見を述べるだけ、といったことを経験した。スタッフにじっくり「話を聴いてもらった」ということで満たされ、それだけで十分と感じたことが、心に残っていたことが分かる。今、生徒に対して、子どもの頃に経験したスタッフと同じ対応をしているという。まさに、「話を聴いてもらった子ども」が、「話を聴く大人」に成長した姿といえるだろう。

(3) スタッフを噛むこと――長じて噛まれる体験をして

Sグループの H 夫は、小学校1年で初めて子どもキャンプに参加した当時から、スタッフを噛むことを繰り返していた。特定のスタッフということではなく、おんぶしてもらった時に、一緒に並んで座った時に、スタッフの肩や腕を噛むことを繰り返した。スタッフのなかには、歯形がいくつも青く残っている者もいた。スタッフ・ミーティングでは、そうしたH夫の行為について、たびたび話題となった。

H夫自身は、噛むことについて、後に次のように記している。

H夫：私は子どもの頃、何かというと大人に噛みついていました。理由は、自分なりにはっきりしている時と、はっきりしていない場合もありました。理由はともあれ、噛みつかれる方こそ良い面の皮で、この件ではHRLのスタッフたちを随分と悩ませたようです。「何故噛むのだろう？」となかには、夜も眠れないほど悩んだ方もいたことでしょう。30年の年月を経て初めて明かします。本人にも分かっていないことですので、分からなくても無理のないことで大丈夫です。一度、とにかくやられるままに噛ませてみようとしてくれたスタッフがいます。噛まれても全く抵抗せずニコニコニコニコ。怒りもしません。「やめて」とも言いません。それがとてもたまらなくて、何度もかじりついてやりました。悪いことは十分承知です。けれどニコニコニコを見ると止められない止まらない。どうしてなのか、自分でしておきながら分かりませんでした。けれど今なら分かります。「怖かったから」です。するに任せてくれるという、自分を受け入れてくれる在り方は嬉しい。でも何もそこまでしなくても…と思っていたのでしょう。大人が信じられるかどうかをギリギリの所で試していたのだと思います。とんでもない子どもです。その頃の自分を思い起こすと、自覚こそありませんでしたが、精神的に危機的状況にあって、対応してくれたスタッフはそれを感じとってくれたのでしょうか。扱い難いことこの上ありませんが、ある意味ありのままの自分を受け止めてもらえた体験をさせてもらえたことは、すごく救われたと思っています。

その後、H夫は、立場が逆転し、子どもに噛まれることがあるという。その時、H夫はどのように対応したのだろうか。

H夫は、Jグループの子どもキャンプのスタッフを引き受けたのと同じ頃、横浜にあるS相談室のスタッフから、そこに通う子どもたちのために夏の合宿の他、年四回の遠足をしているが、来てみないかという誘いを受け、参加した。そこで次のような体験をした。

H夫：面白そうなので早速引き受けました。初めて遠足に行った時に担当になった子どもから、「噛みついてもいい？」と聞かれました。別に噛ませるくらい何でもなかったのですが、その時は何故かそういう気になれずに、断ってしまいました。こんな簡単なことに応えることができなかった自分に今も後悔しています。「子どもに試される瞬間」だったのに。

H夫は現在、障がい児・者の介助を仕事とするようになった。そこでも噛まれることがあり、以下のように記している。

H夫：仕事で子どもと接する時に噛まれることがあります。何故噛むのか、その理由までは分かりません。けれど〝ああ、そうなっちゃうことあるよね〟と、そこに至るまでの気持ちの流れに思いを馳せることくらいできるようになりました。この行為には何等かの意味があると考える習慣の基礎になっています。

その後のインタビューでは、次のように語っている。

H夫：噛まれていることがとっても嫌だっていうことを伝える。噛むっていうことは相手も傷つけてしまうし、噛むこと、これは止めてほしい、それだけを伝えるようにつき合ってきた。

そのことをしているあなたは駄目だよとか、安定を否定するような言葉はかけないようにしてきた。でもね、痛くて嫌なんだけどね。

何でそんなことをするのか考えたし、止めてほしいし。どうしたら止めてくれるかってことを随分考えたんだけど、人は変わらないんだよね。変えられないんだよね。だから、こっちが変わったらどうかしらって、その人に対して対応を変えたんだよね。その人がやりたいことをなるべく尊重するようにしていったら、二年くらいして、いつの間にかやらなくなった。


H夫は相手の行為の意味を考え、噛まれるのは嫌だということだけを伝えるようにした。さらに相手ではなく自分自身を変化させて、その人のやりたいことを尊重するようにして、焦らず長いスパンで見守ろうという姿勢をとった。こうしたことが相手の変化を生み、自身も介助者として成長していったといえるだろう。子どもの頃のH夫を思い浮かべつつH夫の語りを聴いていたスタッフたちは、自分たちが省察し実現を目指していたことが、H夫のなかで実現されていることに感慨深いものを感じた。

（4）親の子育てを振り返って

40歳代、50歳代となっての語りのなかでは、しばしば、子どもの頃、親にどのように育てられたか、そしてそれをどのように受け止めて自分の子どもを育てているのかについて触れられた。次に親の子育てと自分の子育てについて、Sグループの二人の語りと手記からみていこう。

①I子の体験——母親の本当の愛情とは？

40歳代で両親を見送ったI子は、50歳代になって母親の子育てについて複雑な思いを語ってくれた。

I子：うちの母親は何でもやってくれたの。とにかく、母親が考える本筋じゃないことを私にやらせるのは嫌で、何でもやってくれて、それは、母親が亡くなるまで続いたのね。結局、私はやらせてもらえなかったから、何もできない。子どもをできるように育てなかったというのは、本当の愛情だったのかな、と今は思う。実際、余命一か月くらいと医者に言われて帰ってきた時も、私が「あれ食べたい」と言ったら、作り方を教えるのではなくて、母親が作ったの。夫が「I子がやりますから」と言っても、「I子ちゃんはやらなくていい」って。だから結局、私は作れないの。でも、母親が亡くなってしまったら、もうそれを食べることできないじゃない。

I子：母の人生は何だったの？と思うくらい自分がなくて、もう家族のためだけ。父親は結構暴君だったので、何かメイドのように父につくし、子どもたちも暴君なので、子どもにも家政婦のようにつくし。何か自分のない母がすごく嫌だったの。だから反対に私は自分があり過ぎちゃう。

I子：母のようにはなれない。母親がすごく重かった。世代の違い、時代背景の違いなのかもしれないけど、私は、親が自分の楽しみがあって、自立していた方が、子どもは嬉しいのではないか、と勝手に思っている。

I子：夫の母親と自分の母親の二人を知ってみると、子育ての仕方とかは全然違うなあと思う。

I子はまた、次のように記している。

I子：子どもに伝えたいことは、すべて中里村から学んだ。

I子：子どもキャンプでの自由な生活は、過保護であったことは間違いない私の両親庇護の下での毎日とは180度違うものだったし、個性的な友だちも学校の子とはまったく違うものでした。娘たちにも同じような体験をさせたくて、夏はカヌーキャンプ、冬はスキーキャンプといろいろ体験はさせていますが、それはまったく中里とは違うものなのです。カヌーキャンプの説明会の時、「カヌーをするのはほぼ流れのない川ですからご安心ください」と言われ、心の中で「えー！それじゃ意味ないじゃない！」と思わず叫んだ私…。もちろん、安全性とかは大事だけど、あまりにも管理されたキャンプというのも…、と思いました。

家では母親が何でもやってくれて、「I子には、本筋だけやっていてほしい、きれいでいてほしい」と、自分はやらせてもらえなかったので家事をはじめとして何もできない。だから、子どもに伝えたいことはすべて、自分のやることは自分で決めることができた子どもキャンプから学んだという。そしてそう思うからこそ、「子どもに中里キャンプのような体験をさせてやりたい」と、いろいろなキャンプに参加させようと試みた。しかし、あまりに安全を重視し管理された企画ばかりで、自分が中里キャンプで体験したような、子どもたちがやりたいことを思う存分できるキャンプとは大きく異なっていたとがっかりしている。彼女の子育ての指針は、母親からではなく、中里キャンプで彼女が体験したことを振り返り、その意味を考えつつ、子どもを育む環境を模索していったと思われる。

両親を亡くした彼女は、「娘を卒業した」と明るく言う。時折、二人の娘さんを伴って、HRLの企画に参加している。そこで出会う娘さんたちは、「自分があり過ぎない、自分のある人」に育っているようにみえる。

②K夫の体験——何かやろうとすると、ダメ！と言われて

母親から厳しく行動を指示、制限されていたので、子どもキャンプは「天国だった」「別天地」というK夫は、次のように記している。

K夫：家でも学校でも閉塞感を感じていたなか、HRLのスタッフたちは、子どもたちが何をやっても怒らずに温かく見守り、いつでも一緒になって遊んでくれ、必要とあれば手を差し伸べてくれた。だから、HRLに行くのがものすごく楽しみで。小学校の低学年くらいから、何でここに来ると開放感があるんだろうって、すごく感じてました。子ども心にも、普段の家庭や学校での自分と、HRLでの自分は何であんなに違うのだろう?と不思議に感じていたりした。今になって思えば、普段抑え込まれていた感情を、HRLで発散させていたとしか思えない。HRLがなかったら、本当に、どこで息抜きしていたのだろう、と思うのです。HRLは、子どもの頃甘えることのできる場の少なかった私に、神様が与えてくれたプレゼントであったに違いない、と大人になった私は本気で思う。

3歳違いの弟、5歳違いの妹がおり、家の中では何かにつけ「お兄ちゃんだから我慢しなさい」とか、「お兄ちゃんだから○○をやってはダメでしょ!」と、いつも我慢を強いられるような育て方をされてきた。これでは年上の兄や姉は浮かばれない。

K夫：小学校は公立だが教育モデル校で規律やルール等が厳しいし、家にいる時は母親が凄く厳しい。過干渉で、あれしちゃダメ、これしちゃダメって。子ども心にも、自分が大人になったら、母親とは正反対の育て方をしようと心に決めていた。

他方、父親については、次のように語られた。

K夫：父親はすごい子煩悩で。たとえば土日に、一緒に野球をやったり、遊園地や山登り等いろいろ連れていってくれたんですね。それは子ども心に凄く嬉しくて、記憶に残っています。自分も三人の子どもの幼いうちは、お金をかけてという程でもないけど遠出して。纏まった休みだと両親のいる九州に一緒に連れて行ったりとか。それは、やっぱり父親がやってくれていたので、自分は（父に）続いてやっていました。

そして、自分の子育てについてはこう語っている。

K夫：子どもが生まれてからは、できる限り夫婦で子育てに関わっていこうと考えて、時間の取れる限り一緒にいるようにした。また子どもたちに自分の意思が芽生えてきてからは、やりたいということをさせてみて、つき合うようにしてきた。子どもたちが萎縮するような叱り方はなるべくしないようにと心がけてもきたので、周りからみると随分と甘い親と見られていたのかもしれない。

子どもは割と自由に伸び伸び育てたつもりです。ただ、言葉遣いと礼儀作法はうるさく躾けてきたつもりなので、今だに「うるさいわぁ」と言われますが。子どもには、出来るだけ好きなことや、やりたいことをさせてきました。それは、やっぱりＨＲＬで経験したことがバックボーンになっているんですね。いい意味で本人が興味や関心のあることを引き出す、伸ばすには、ある程度子どもがやりたいことをやりたいようにできる環境を与え・作るのが親に求められる役割・使命だろうと思って。だから僕の場合、すべてのバックボーンはHRLなんですよ。自分の子どもたちは、残念ながらHRLのような集まりや場に出会えなかったから、ある意味、親がそういう環境なり経験の場をなるべく作ってあげようという思いで接してきたつもりです。だからいろいろと行かせました。水泳、ダンス、ピアノをやりたいと言うから近所で通わせました。ただなるべく伸び伸び、何か成果を期待してプレッシャーを与えたりはしないように。本人がやりたいと言ったものを、その言ったタイミング・時期でやらせてきたかな。やりたいと言ったら駄目とは極力言わないようにしようと、かみさんとずっと話してきた。

K夫：HRLに対する思い、HRLでの経験とか体験してきたことは、自分のなかで一つの軸というようなものとなって育ち、それはまさに心の拠り所、気持ちの拠り所、学校や親とは全く違う軸となっている。

K夫は、母親の厳しい子育て、そして教育モデル校だった小学校でも規律の厳しい毎日のなかで、HRLは自分が受け入れられ、甘えたり、自分を解放することができたりする数少ない場であったという。一方、父親は子煩悩で、一緒に遊んでくれたという。こうした子どもの頃の経験や記憶から、自分自身の子育ての方針は、母親を反面教師、父親をモデルとして、さらに、HRLでの体験をバックボーンとしていった。そして、母親とは異なるタイプの妻と子育ての方針も一致して、夫婦で協力しながら子育てを行ってきた様子が窺える。しかし、母親の在り方を反面教師としながらも、母親と似ている面を子どもたちから指摘され、苦笑する場面もあるという。それが親子なのだろうとも思われる。

幼い時に親が自分にしてくれたように子どもを育てたい、と親の子育てを「モデル」にする人もいれば、逆にうるさく言われ、いろいろと行動を制限されたので、自分の子どもにはそのようなことはしたくない、と親の子育てを「反面教師」にしている人もいるだろう。ここで語った二人は、母親を反面教師とし、自分自身の子育ての基本は、中里キャンプで体験したことに基づいているという。子ども時代の日常生活とキャンプ生活の違いを体験していくなかで、自分自身にとってキャンプ体験の心地よさや楽しさといった感覚的な意味からさらに深めて、自分自身の価値観の一つである子育て観に繋がっていったといえよう。

(5) 30数年ぶりに再会して

「G子ちゃん！変わらないね！」「昔のまんまだぁ！」アメリカで暮らすG子とHRLメンバー、スタッフとの30数年ぶりの再会。G子も「皆、変わらないねぇー！」と返した。

SグループのG子が、久しぶりにボストンから帰国するというので、都合のつくメンバーとスタッフが集まった。G子の雰囲気、仕草、話し方は、子ども時代のG子そのままだった。帰国の第一目的は、翌日からの食虫植物の観察ツアーに参加することだという。中里キャンプで虫取りに興じていた

G子の姿を、それぞれに思い浮かべた。

改めてG子が20歳代でアメリカに渡った経緯、渡米の目的を叶えることができないと覚った後、どのように生きていこうと考えたのか、さらに結婚し、働きながら双子の母親となり、無職の夫との四人家族を支えてきたこと等、次々と勢いよく生き生きと語られるG子のこれまでの人生を、皆ただただ聞き入った。そして、最近になって夫が専任職に就いて家計を担ってくれるようになったので、今度は自分が仕事を辞め、精力的に趣味や研究に取り組んでいるのだという。彼女の自由奔放な生き方は、子どもキャンプで虫を捕り、魚を釣り、山に登り、エネルギッシュに動き回っていたG子の姿を彷彿とさせるもので、HRLの自己決定を大切にしてきた精神がみなぎっていた。

時間にして三時間弱、30数年ぶりの再会であるにもかかわらず、ここは長寿園かと思うほど、全員が子ども時代にタイムスリップしたような会話が行き交った時間だった。

このようなG子との再会の後、G子の両親に話を伺った。両親は共々、「面白いですよ。あの人の人生。面白いと思います。親でも」と語られた。さて、両親から見て「面白い」というG子の人生を、今度は両親の話から辿ってみよう。

①育てるのが大変な子で、やりたいことに夢中になる

G子を育てるのは大変だったと振り返る。とにかく神経質で寝ない子だった。寝てもすぐに目覚めてしまい、ギャーギャーうるさく泣く。言うことを聞かないのでトイレに閉じ込めたところ、静かなので開けてみると、上にあったものまで全部引っ張りだして、トイレ中ティッシュだらけになってい

て、呆れたという具合である。
3歳の頃、幼稚園で母の日等に向けて一斉に絵を描く場面では、頑として絵を描かなかったため、HRLの母親グループでそのことを話した。「襖でも障子でも、好きなところに絵を描かせてみたら」と言われた。

MG子：「ああ、そんなもんか」と思って、「描いていいよ」って言ったら、その日から描き出しましたね。それからは、もの凄い勢いで絵を描き始め、家中の襖や障子が絵で埋まっていきました。
初めはただ山だったり、お日様を描いたり。もの凄く大きく描いていました。だからうちはぐちゃぐちゃでしたよ。

その後は、自分で創造した怪獣の絵ばかり描く時期、動物をキャラクターにしたマンガを描く時期へと変化していった。

MG子：たまってたんでしょうね。怒られてばかりいたから。絵が描けるようになってからは、自分の世界をどんどん広げていくことができたようです。

小学校で他の子どもたちが塾に通うなか、「今日はカマキリを捕りに行くぞ。一緒に行ける人は、うちへ集合！」等と、男の子たちを引き連れて、カマキリとか、オタマジャクシとか、いろんなものを捕ってきて、飼ったりしていた。釣りにもはまり、家族と出かけると、寒いのに一人で魚を釣っていて、両親は車の中で震えながら待っているということもあったという。子どもキャンプで男の子たちと虫取りに夢中になり、魚釣り大会で優勝するといったG子の姿と見事に重なる。母親は、「もう、こんなだったからHRLで好きにさせてもらって本当に有り難かった」と語っている。一方、父親は、動物園、水族館、博物館、牧場と、興味を示したものには何でも連れて行ったという。

中学校では、父親が連れて行ったコンサートをきっかけに、ゴダイゴ[注1]が大好きになり、英語にはまる一方、面白い数学の先生が好きで毎日職員室に質問に通い、苦手な数学が得意になった。テレビで見たバイオテクノロジーに興味をもつとともに、高校受験に懲りて「もう、入試は絶対嫌だ。推薦取る」と勉強して、推薦で理系の大学に入学した。しかし、バイオテクノロジーを学ぶ周囲は真面目な人ばかりで面白くないと、オーケストラに所属し、弾けたメンバーと今度は音楽にはまっていった。バンドを結成してスカウトされたりもしたが、音楽関係の仕事をする父親にプロの目から「それは絶対駄目」と反対され、泣いて諦めたという。「僕があの子を叱ったのは、それだけかな」と、父親は当時のG子とのやりとりを振り返っている。

②アメリカへ飛び出し、家族を支え、そして自分のやりたいことへ

母親は、小さい時からそんなに厳しく躾けたつもりはないが、

MG子：この人を世間に出さなきゃいけないから、最低の常識は刷り込んどかなきゃと思った。行儀も

ね。それがうるさかったみたいで。

とにかく型破りで、日本の社会で通用するのかしらと思って。格好なんかも全然構わない人で、ちょっと躾けをし過ぎて、それがボストンに行くきっかけになったの。早くに逃げ出したかったそうです。

G子によると、

「アメリカに行く」「アメリカ人と結婚する」と言われた時も、両親とも「どうぞ」という感じで、全く抵抗はなかったという。

アメリカに行ったのは、音大できちんとドラムを学びたいという夢があったから。けれどもボストンの音楽院で学んだ後、「頭で考えたら、もうダメ。本能的に体にリズムのある人たちが沢山いて、どうしてもかなわない」とドラムで生計を立てるのは諦めた。しかし、その音大で知り合ったドラム仲間の紹介で始めたバンドで、ギターを弾いていた夫と知り合うことができた。音大の後は再びバイオテックに戻り、大学医学部で働きながら修士を取得、その後15年間製薬会社で基礎研究に励んだ。

現在、G子は、15歳になる双子の男児の母親である。G子の子育てについて母親は、

MG子：私ががみがみ言った方でしょ。だから一切何にも言わないですよ。だから孫たちは、お食事の時はお行儀悪いし。でも何にも言わないで、私たちが怒るとゲームを渡しちゃって。ゲームやってると

静かになるんですが。躾けないの、何にも。「ダメ」とか、そういうの一切言わないですよ。放ったらかしと言えば、放ったらかしよね。

しかしG子によると、頼んだことを双子は何でも聞く素直な良い子に育っているという。ガミガミ言わない躾けの仕方もあるのだと。

長年G子が働いて生活を支えていたが、今は夫が働き出したので、仕事から解放された。そしてG子は絵を描くことと、動物好きが昂じて植物好きになり、大学でボタニカルアート(注2)を専門的に学び、その絵を用いて小さな会社を立ち上げるまでになった。それと同時に大学院生たちと食虫植物の研究を共同で始め、それがきっかけで、現在は大学の博士課程に移り、食虫植物の研究に励んでいる。

FG子：今は人生100年時代ですから、50歳、60歳は人生の半ばになりますね。だから、50歳、60歳で博士号を取れば、後半50年役立つのではないか。

MG子：険しい山、食虫植物を求めて登って「死ぬ思いをした」とか言って帰ってくるんですけど。日本全国に食虫植物の愛好会があって、帰国しても、あちこち行って忙しいんです。だから子どもを放ったらかしで、二人を置いて自分だけどっかに行っちゃうものね。

G子を育てることは、「もう、めちゃくちゃに苦労したんですよね」と語るほど大変であったが、今、こうして振り返りながら、「面白いですよ。あの人の人生。面白いと思います。親でも」と大らかに語っているのには、両親もまた、それぞれの人生を充実して歩んできた今があるからこそ、と思われる。

MG子：娘はそういう子なので、ちょっと普通の子と違ってた。とにかく、何かに夢中になるんですよね。自由にやらせていただいたHRLの方たち、先生にすごい感謝しています。

私たちは、どんなに空白の時があっても、子どもキャンプで生活を共にしたからこそ、G子の人生に、G子らしさを感じ、両親の「面白い」という表現や気持ちにも深く共感できるのだろう。

(6) 相談室の子どもたちが加わったことを再び考える

「パートⅡ4章2　相談室に通っている子どもたちが加わって」では、小学校5年で、子どもキャンプに自閉的な傾向のある子どもたちが加わってから20歳に至るまでの様子について述べた。ここでは、その後20数年を経て、子どもたちが40・50歳代になっての振り返りの記述からみていこう。

40歳代の手記で、SグループA夫は、次のように綴っている。

Ａ夫：今、自閉症がテーマのドラマ（注3）が放送されている。スマップの草彅君が自閉症の青年を演じている。中里キャンプには、相談室の子どもたちも参加していた。彼らは、日常生活において、私たちとは違った感覚で行動する。このドラマの主人公のように、世間一般から見たら、奇妙な行動だったり、モノの理解の仕方が変わっているように思えるかもしれない。でも、私はそんな風に思ったことはない。中里キャンプでは、彼らの行動についても〝一つの個性〟であって、排除すべきモノではなかった。彼らの生活も他の仲間の生活と同様に、お互いの生活がスムーズに行われるように生活のなかで自然と調整されていった。

ある男の子は、いつもあぐらをかいて達磨さんのように転がったり起きたりを繰り返していた。とても楽しそうに見えた。会話は苦手だが、とても優しい笑顔でみんなを和ませてくれた。中里キャンプのある日、中里小学校にみんなで遊びに行った。みんな、野球など思い思いの遊びをしていた。ふと気づくと、校舎の一室からそれはそれは美しい音色のピアノの曲が流れてきた。誰かがレコードを大音響で聴いているのかと思った。私はその曲につられて、フラフラと教室の方に近寄って行った…。そこには、プロのピアニストのようにピアノを演奏する彼がいた。あの衝撃は今でも忘れない。

彼の他にも、自分の得意分野の質問を無限にしてくる子や、身体を揺らしながら思いつくままにさまざまな質問を次々と浴びせかけてくる子もいた。彼らが相談室の子どもだからといって、彼らのペースに合わせて無制限に質問に答えるわけではない。他の仲間たち同様、気が向けば遊ぶし、気が向かなければ遊ばない。気の合う相手もいれば、合わない相手もいる。ＨＲＬの仲間に特別な分け隔てはない。

ＨＲＬでの経験のお陰で、世間で障がい者と呼ばれている人たちへの偏見はない。世間の大多数の人たちとは言動や考え方が少し違うだけで、単なる少数派であるだけだと思っている。彼らが、多数派の人間が決めたルールのなかで生きていく上では、周囲の手助けが必要になる。私だって、独りで勝手に生きているわけではない。多くの仲間たちに支えられ助けられて、生き続けているのである。仲間同士、助け合うのは当然のことであって自然なのである。

50歳代になってからの個別インタビューのなかでも、相談室の子どもたちが参加したことの意味が語られている。

後述するインクルーシブ教育を行っている私立の幼稚園・小学校に次男を通わせたP子は、次のように語っている。

P子：あの時一緒に生活させてもらったこと、あの年齢で出会ったことが、本当によかった。私は経験として、今、よかったなって思う。

それは、自分の子どもが幼稚園の時から障がいのある子どもたちと共に過ごしてきて、自然に接することができており、また、障がいのある子どもがいじめられるとフォローする姿を見て、幼い頃から共に育つ経験が重要であることを痛感しているからである。

現在、海外との取引業務に携わっているK夫は、

K夫：子どもの頃って、この子は相談室から来た子とか、この子は前からいる子とかって、区別して考えたりしていないし、いつの間にか一緒にいたという感じだったので、あまり違和感がなかったですよね。子どもの頃に一緒に過ごした期間は短かったけど、そういう経験をしているから大きくなっても障がいがある人やハンディキャップを背負った人に対して、特別視するように考えたことはないですね。子どもの頃に普通に経験したことって、大人になってもそれが普通のことのように感じるから、凄い大事だなとは思います。僕は子どもの頃、東京でもまだ外国人って少なかったけれど、プロレスを父親と一緒にずっと見ていて、当時は日本で見られる数少ない外国人として、プロレスラーが来日して全国を巡業していました。アメリカ人だけじゃなくてメキシコ人もいれば黒人の選手もいたりして、子どもの頃に当たり前のように身近で見てるから、今大人になっていろいろな国の人と接することに違和感全然ないんですよ。だから、外国人と接しても、あまり言葉がしゃべれないからちょっと引いてしまうみたいなのも全然ないし、言葉が通じないなら通じないなりに何とかなるさみたいなのがあって、やっぱり子どもの頃にいろんな経験をしてることが、凄い自分のなかではキーとなり軸になってるんだというのがありますね。HRLも、同じように子どもの頃に経験したことが、今の自分を形作っているという点で全く一緒です。障がいのある子たちが一緒に入って活動してても、多分、今も昔も何ら違和感ないのは、そういう幼少時からの経験であったり、体験が今もずっと残っているからだろうなと思いますね。スタッフの方たちとも世代差や年齢差に関係なく話せるのも、子どもの頃の環境がバックボーンにあるのじゃないかなと思いますね。

と語っている。

また、職場で適応できなくなった人やさまざまな障がいのある人を受け入れて農業体験のプロジェクトを実施しているN夫は、子どもキャンプに相談室の子どもが参加したこと、現在の社会で生きづらくなっている人々について語ってくれた。

HRLでは、小学校5年の時に、大人からは何も説明のないままに、相談室の子どもたちが参加し始めた。

N夫：気にしなかったね。多分それはスタッフの人が上手かったんじゃないかな。この子たちはこういう子ですっていう風に線を引いた上でこっちに対面させたら、こちらも構えたけれど、何だか知らないけれど、うるさいやつ来たぞみたいな感じで、いつの間にか遊びのなかにR夫が加わっていたりした。何だあいつらみたいなところで、一部敵対みたいなことあったかもしれないけれど、そんなのあって当たり前だしね。それが良かったんじゃないですか。何となくふわって入れたのが、丸投げしたのが良かったと思う。実社会ってそういうもんじゃないかな。多分ね。

最近は、生きづらさを抱えた人への最低限の優しさがないがゆえに、困っている人とか苦しんでる人が増えてきている世の中だと思う。HRLみたいなごちゃまぜの場を望んでる人は多いと思いますね。だって、僕たち意外と障がいのある子たちに教わることも多いじゃない。まっすぐだし感覚が鋭いから、そういう意味で教わることは多いですよね。

あの人たちの場合は言葉が足りないし、言葉を、頭のなかで組み立てて物事を話すっていうタイプじゃないから、多分心で感じたことを伝えるっていう手段がJ夫の場合は奇声だっただろうし、R夫の場合はわけの分かんない電車の「いか65オープンします」、何じゃこれみたいな。でも、ああいうのが今の時代は逆にいうと飢えてる人が多いわけでしょ。俺、プロジェクトやってて、凄くそれ感じますけどね。心で感じられることとか、心で伝え合うこととか、心が繋がってることを体験に置き換えたりするとえらく感動する人たちが多いのね。俺からしてみると何を感動してんだろうなって思うのよ。でも、かみ砕いて考えると、多分そこが今の世の中には足りなくなってきてる、薄くなってきてるのかな。HRLの人間関係は濃いものね。お互い尊重し合う感じの形態だから。

現在までのそれぞれの体験を通して、相談室に通う子どもたちがキャンプに参加した意味について、①子ども時代での出会いだったからこそ、現在、障がいのある人たちに偏見なく関われること、②HRLでは先入観なく関わり始められるように配慮されていたからこそ、彼ら独自の世界に直接触れ、理解に繋がったこと、③今の世の中での障がいのある人の置かれている状況についての課題を洞察していること、等が窺える。

6章　子どもキャンプ体験とライフコース

本章では、一人一人が実に個性的なＨＲＬメンバーのうち、Ｓグループ四人、Ｊグループ二人のライフコース（人生）について、50・40歳前後での合同ミーティングの語りと個別インタビューから眺めていこう。

1　Ｓグループメンバーの50歳代でのライフコース

(1)　Ａ夫さんのライフコース——罪滅ぼし？で獣医になって

Ａ夫は、子ども時代はやんちゃで行動力に溢れ、スタッフを驚かせることを次々引き起こす子どもだった。インタビューでも快活で、一貫して何事にも楽観的で前向きなことが伝わってきた。

①育った地域と家族

A夫は、東京山の手で育ったが、地域の繋がりが強く、路地を囲む一区画全家庭でドアが開け放たれており、子どもたちは家々を自由に行き来して、皆きょうだい、家族のような状態であった。親に怒られ、弟と二人で家から締め出されて路地でシュンとしていると、向かいのおじさんが一緒に謝ってくれたものだ。それぞれの家のきょうだいの年齢もさまざまであったし、昔の家族であるから若い人から高齢者まで一緒に暮らしていたので、年齢の上の人とのつき合い方も自然に覚えたし、どんな人とつき合うにも物怖じしなくなった。自由で楽しかったという。

家族は、父と母、年子の弟と6歳下の弟の元気のいい男の子三人きょうだいであった。きょうだい喧嘩をしたり、自分の言ったことを守らなかったり、道理に合わない行動をした時は、父親からも母親からも叩かれていたが、それを当然と捉えていた。A夫はそれに負けないエネルギー溢れる子どもだったといえよう。

母親は、綺麗で華やかで、友だちが多く、人の輪の中心にいるタイプで、自慢の母親であった。活動的で、PTAの役員はいつも引き受け、和を取りもち、先生方からの信頼も厚く、頼りになる存在であった。担任の先生に「構わず叩いてください」と言っていたので、A夫は、悪いことをすると先生たちからも遠慮なく叩かれていた。父親は、正義感が強く、威張っている人や道理に合わないことには立ち向かうタイプだった。見かけは怖いが、自慢の父親であった。封建社会の家長制度の君主のようで、口答えなど許されなかった。遠出をして遅く帰ると自転車を壊されたし、勉強しないとランドセルから文具まですべて二階から路地に投げられ、子どもたちも家から締め出された。ところが15

歳になった時突然、「元服だから、これからお前を殴らない。お前のすることは自分で責任をもって生きていけ」と言われた。

②幼稚園、小学校時代

幼稚園でA夫は、面白いことをしゃべりまくって女の子たちに人気があった。「常に女の子に囲まれていたみたい。隣の席は競争だったらしいんだよね。格好いいからじゃなくて面白いから」。近所に住んでいる男の子の親友もいた。「毎日一緒に通っていた。幼稚園の時は本当に『結婚する』って言ってたらしい。男同士だけどね」。幼稚園時代、とても楽しかった。

小学校は地元の公立小学校に通った。授業中、静かにしていられず、面白いことを言ってはクラス中を笑わせ、授業の邪魔をしていた。「ちゃちゃ入れるのが好きなんだよ。静かにしていられなかったんだよ、昔」と語る。代表として人前に出るのが好きで、何かと立候補してはさまざまな「長」をしていた。

放課後は、遊べる場所が沢山あった。自然や生き物が好きで、当時はどぶ川があったし、樹が茂る公園や複数の大学のキャンパスで、仲間たちと遊んでいた。

A夫：木があれば大体、虫がいたから、虫がいるような所を遊んで歩いていた。いろんな所に行って、虫とザリガニと魚を捕るの。自然を巡っていたよね。自然を求めて、自転車で相当な遠出もした。

③将来の夢に向けた進学、そして妻との出会い

小さい時から「医者になりたい」と思っていて、中高一貫の医学部進学率が高い私立男子校に入学した。中学受験で燃え尽きたのか、中学三年間は、勉強は全くせずに、成績は最低だった。坊ちゃん学校なのに、日曜日には原宿で竹の子族、後にローラー族(注4)として遊んでいた。

中学校3年で、「担任に『このままだと高校に上がれないぞ』って言われたの。まじ?とか思って、それはやばいっしょみたいな」。そこで勉強を始めて、成績は一気に中位まで上がった。ビリを競っていた同級生は高校に上がれなかった。高校生になると「獣医になる」という目標に向かってしっかり勉強し、大学は獣医学部に入学した。

後に結婚することになるのは、大学の同級生だが、真面目で性格が良く、クラスメイト全員から「A夫は彼女に近づいてはいけない」と忠告されていた。しかし、実験や牧場実習等で一緒のグループになり、研究室も同じだったことから二人は次第に親しくなっていった。彼女の家庭は教育者の家系で、厳しい家庭だったが、社会人となってから結婚を申し込み、認められた。A夫は、「明るく楽しく優しく、よく働き、よく稼ぐけど、子どもっぽくて手がかかるが、そこを我慢してもらえれば、良い夫である」と自ら語っている。現在、HRLの活動には、夫婦揃って参加している。

④製薬会社への就職を経て動物病院の開業、そして地域の動物医療体制の確立に加わる

大学卒業後、大手製薬会社に勤務した。自分から切望して現場に出してもらい、畜産農家を回った。

A夫：俺はこのキャラクターで、農場長さんたちの心を掴んでいったんだよ。研修ということで農場の手伝いをさせてもらったりしたんだけど、働くの好きだったから、サボらないし、人より多く働く。農場の人が6時に来るなら、俺、5時に絶対行ってた。誰よりも早く農場に行って待っていた。「糞まみれになるのが好きな子が来た。明るくて人懐っこい、楽しい子だ！」って言われた。

こうして農場長さんたちから信頼を得て、大きな農家を次々と顧客にしていった。しかし父親に「何事も10年先を見据えて動いていなかったらダメだ」と言われて育ったので、10年先の社会情勢を見据えてこの業界を離れることを決め、会社は一年で退職した。

その後、動物病院を開業するため、三年間修業した。修業先は、学生時代に研修に行った病院で、「超頑固で超偏屈」、指導が厳しいことで有名な先生の病院だった。老朽化の激しい本当に狭い病院で、飼い主への指導も厳しい先生にもかかわらず、待合室は患者さんで溢れている。動物をきちんと診て、適切に治療している事実と、難しい気質の先生に、A夫は魅力を感じていた。挨拶に行くと、院長も「是非うちに来い。三年で仕上げてやるから」と誘ってくれた。

A夫：父が本当に厳しかったので、気むずかしい人には慣れてる。怒鳴ったりする人とか、へそ曲げちゃう人の気持ちが分かるから、ぶつからずに、こっそりとこっちのペースに引き込んでしまえば、お互い気持ちよく過ごせる。という具合で、院長とは気があった。一年目は、泊まり込んででも好きなだけ徹底的にやっていいと言われ、二年目は少しずつ任された。

A夫：三年目の時はもう完全に任せてくれた。超勉強になった。院長はわざと出かけてしまって、私一人が獣医師という状況に追い込んでくれていたから。自分しかいないから、どんなに難しい病気でも自分だけで解決しなきゃいけない。誰も助けてくれないから、自分の尻は自分でぬぐわなければいけない。

三年間の修業後、開業した。大きな病院が近くにある地域だったが、その病院の大先生とも、喧嘩っ早く怖がられていた二代目の先生とも、懐に飛び込んでいくようにして仲良くなることができた。二代目の先生は腕が良く、自分を犠牲にしても動物医療を考える人だった。その先生が音頭を取って、夜間病院を作る時、「お前、絶対金出せよな」「夜の輪番もあるんだぞ」と迫られたが、「参加します」「輪番もします」と、喜んで参加した。皆が緊張するような会議、役員会でも、A夫特有の気さくな語りで場の雰囲気を和ませ活気づけた。地域の獣医師で作られたそのグループもさらに勢いに乗り、高度医療センターも立ち上げた。このグループの副代表や人事担当役員も引き受け、実によく働いた。こうして地域の動物医療のデッドゾーンをなくし、適正価格で治療が受けられるシステムを、仲間の獣医師たちと協力し合って作っていった。A夫の病院は、ホームドクターとして盛況で、高度な医療が必要な場合は、センター病院に送れるようになっている。

⑤子育て

A夫は子どもが大好きだ。昔、中里村でも、村の子どもたちはA夫と遊びたくて長寿園にやってくる程だったことからも分かる。自分の子どもは息子と娘の二人で、自分の子どもともやはり一緒に遊び、可愛がった。自分が親から叩かれて育ったため、口答えしたり、やると言ったことをやらなければ、親と同じように叩いたり、勉強道具を捨てたりしたが、その他は「やりたいことをやるように」と、自由を認めていた。小学校は、地元の友人がいることが大切と考え、自分と同じように公立小学校に通わせ、中学からは私立に入れた。娘は、お嬢様学校にもかかわらず、奇抜な髪型をして、目立つことを楽しんでいたようだが、よく勉強するし、優秀で、今は留学している。何をしても彼女の人生だから構わないと考えている。息子は大学院に残り、一級建築士を目指している。男友だちが大勢いて、楽しくやっている。自分も親と同じに、15歳の元服の時期からは、経済的援助はするけれど、自分の責任で道を広げていければよいと思っている。

⑥A夫にとってのHRL

A夫が、子どもキャンプ、スタッフ、そして仲間たちについて語ったことと記述をみていこう。

A夫：中里キャンプに行くと、日常生活で良い子をしていただけに、思う存分好きなようにやっていた。日常のストレスの発散場所になっていたような気がする。キャンプがなかったら、どうなっていたか分からない。

A夫：中里キャンプは冒険がいっぱいである。危険があろうと無かろうと、やりたいと思うことが何でもできる。協力してくれる大人はいるが、制止する大人はいない。

通常の社会生活のなかで行ったら必ず叱られてしまうような行為を行っても、決して叱らない大人たち。普通の大人なら決してやらせないような冒険にも、自ら荷担してしまう大人たち。中里キャンプでも、子どもグループでも、スタッフは私たちがやりたいことをやれるように努力してくれて、一緒に居てとても楽しかった（今でも一緒にいて楽しい）。いざとなったら外敵からも守ってくれそうだし、とても安心できた。

A夫は、中学時代は、クラスの遊びが楽しくて子どもキャンプに参加していなかった。高校1年で再び参加し始めた。その頃ローラー族になっていたので、皆にロックンロールを教えた。高校2年の時、長寿学園でSD男が「知情意」について講義を始めた。それまでキャンプでは大人が何かを押しつけてくることはなかったのに、上から目線で教えるような口ぶりだったので、皆で反発した。あの年齢の頃は、押さえつけられるのが嫌で、強く抵抗したのだと思う、と振り返る（パートⅡ4章3（2）「子どもからの鉄拳」を参照）。

その後、自分に力がついてきたのが分かってから、あまり無茶はしなくなったという。

A夫：スタッフの第一世代の人たちは肝が据わっていて、優しい雰囲気でいたけれど、もうお年寄りで、自分たちが配慮するようになった。HRLでは、好きなことをしていいということで、好きなことをやってきた。このグループは多様性が認められている。社会を変えるのは、ちょっと変わった人たちであると思うし、このような多様性を認めるＨＲＬの恩恵を受けて、自分は現在、いい人生が送れていると思っている。

Ａ夫は、持ち前のポジティブな性格で、子どもキャンプを存分に楽しみ、全力で仕事に打ち込み、自分が体験してきたように子育てをし、満足のいく人生を歩んでいる。インタビューでの語りは、子どもキャンプで自由闊達に動き回っていた姿を彷彿とさせるものだった。

（2） Ｎ夫さんのライフコース――転機を求めて

Ｎ夫も、Ａ夫と同じく活動的な子どもだった。彼の語りを聴いていると、一般的な価値観に縛られることなく、その時々、やりたいことを精一杯やって、人生を歩んでいることが感じられる。

①幼稚園時代と両親の方針

幼稚園では、ひたすら遊んでいたことだけが記憶にある。お寺の境内に池があって、冬のある日、表面が凍っていたので友だちと歩いてみようと、歩き始めたら全員池に落ちてしまい大騒ぎになったという。Ｎ夫は、小さい時から好奇心旺盛、すぐ行動に移すタイプだったようだ。

両親は、子どもには、学校と家庭以外の第三の場があると良いと考えて、幼稚園の時からありとあらゆるお稽古事をさせたので、相当忙しかったという。しかし、それらを継続させるというのではなく、そのなかからN夫自身が好きなものを選べばいいという考えだった。きっかけを与えるだけで、行きたくなかったら行かなくてよいと、強制しなかった。

また、親は、子どもが自分で決めたことを実行することを支持してくれた。初めての冒険は、友だちと二人だけでの日光への釣り旅行だった。釣りは小学校1年くらいからやっていた。

N夫：小学校4年生の時に友だちと二人で四泊五日で日光に釣りに行ってるんですよ。二人だけで。その時、行動計画書と予算組を全部出しなさいって言われて、泊まる民宿は自分で電話をして、親にちゃんと言ってあるから、お金は親が払うから四泊五日泊めてくれって交渉した。スケジュール全部書いて、持ち物書いて、それを両親に提出して承認もらって、当時のお金で5万ぐらいもらって、行った。ありえないよね。だから変なんだよ、うちの親って。

その友だちとは、今もつき合いがあり、民宿には毎夏高校生まで通っていた。

小さい頃からスキーにも親しんでいた。

N夫：スキーは親父がスキー教師みたいのをやってた関係で、本当に生まれた時からスキーをやってた。家族でどこか旅行に行くっていうと冬はスキー。ちゃんと基礎を学んだのは大学に入ってからなんだけど、普通に子どもでビュンビュン滑っている子がいるでしょ。あんな子どもだったんですよ。

②アメリカ文化との出会い

幼稚園で降園時間後にやっていた英語ラボ（注5）は、大学生まで続いた。これは、英会話劇のスタイルで身体表現も加えて行うため、英語に対する〝免疫〟ができたという。英語ラボの交換交流として中学校1年、高校1年でそれぞれ一か月、アメリカでホームステイを経験した。

N夫：それこそボディーランゲージじゃないけど、とにかく伝えられるし、向こうの言ってることが分かるから、分からなければジェスチュアーでやればいいし。だから別にコミュニケーションは全然困んなかったですよ。何言ってんの？ってことは、聞けば向こうは丁寧に言ってくれて、最悪分かんないと絵を描いたりして、コミュニケーションは取れるんですよ。

中学校1年の時受け入れてくれた家庭は、大農家で、見渡す限り地平線までその家の農地が広がっていて、収穫列車が敷地のなかを走っていたという。大学3年では二か月間ホームステイして、カレッジに短期留学した。授業の英語は全然分からなかったけれど、コミュニケーションは困らなかった。大学4年では、半年にわたりアメリカに滞在した。

N夫：ただ単純にアメリカから帰って来て、飛行機降りた時に、日本ってとにかくちっちゃいじゃないですか。これは日本勝ち目ないなっていうことと、アメリカ人のアクションの凄さを感じた。日本人ってよく考えるけど大して行動しない。アメリカ人ってあんまり考えないけど、もの凄い行動力があるんですよ。それがやっぱり国民性の違いかな。日本人って秩序とか順序とかちゃんとしてないと最終的に動かないっていう人が多い。アメリカ人っていきなり動いてそれに追い着いてくっていう感じのスタイルの人が多い気がする。その違いは感じましたね。

と振り返る。

③小・中・高校生活と親の対応

地元の区立小学校に通い、成績は「3があって、4が多くて5が少しあるくらいの、普通でしょ。中学のときも同じようなもんじゃないですか。勉強はしてなかったしね」という。

小学校4年の時に父親が他界した。その後二年くらいして祖父も亡くなった。「だから男が一気にいなくなって女系になってるから、別に取り立てて何かということはなかったけど」と振り返るが、それは大きなことであった。

中学校2年の時に、亡くなった父親の出身高校に入りたいと、はたと思った。

N夫：男の子って親父を超えたいっていうのがあるのよ。だから、どうしても都立O高校に行かなきゃいけないって思って勉強始めて、それは本当に勉強したんですよ、ちゃんと。気を失うぐらい勉強したから。受験で答案用紙を開いた瞬間に、全部分かるのよ。それぐらいやった。

こうして入学した高校だったが、

N夫：親父を超えたって感覚はなかったんですよ。ないんだ、と思った。よくドラマとかで見ると、親父を超えてとかやっているじゃない。俺も何かあるのかなと思ったら案外なかった。それで学校行くの嫌になっちゃったの。燃え尽き症候群ってやつでしょ。成績は最低だった。

高校で何か運動をやろうかと思っていたところ、ラグビー部の勧誘があって、見たこともないスポーツだったから単純にやってみようかなと思った。

N夫：O高校は、とにかく文武両道なんですよ。スポーツは凄い。高校1年から三年間はラグビーやっていたので、朝は行かないで、夕方から行くとか。学校から家に呼び出しが来ると、母親はそれに対してはちゃんとやりなさいって言うんですよ。ただ呼び出しがない以上は、心配はしてたんだろうけど何も言わない。その代わり、切羽詰まって先生から何か言われて、親を引っ張り出さなきゃいけないとなったら、うちの親は行かない。高校1年の夏、ラグビー部の合宿に英語ラボで留学するから行けない。入部の時にコーチには、7月から8月は一か月間抜けますと、夏休みの練習があるかも知れないけれども、それが条件であればその他は頑張るのでぜひ入りたいと、伝えてたんですよ。コーチは分かったって言ったんだけど、7月になって、留学には行くなみたいな方向になった。そこに担任が入ってきて、

「親御さんに意見を聞きたい」って言って、母親に言ったら、「それはコーチが悪い、あんた大人のくせに約束ぐらい守りなさいよ」って、帰っちゃった。うちの親はそういう親。

高校生活は、ラグビーと波乗りと、スキーをしていた。「勉強なんかする暇ないよね」という状態だった。

④大学生活と就職、そして今

「お前にも入れる大学あったぞ」と先生に言われて、最低の成績でも〇高校の推薦枠で大学に進学した。

大学時代、冬場二、三か月はスキー場で、幼稚園や小学校の子どもたちを指導していた。

N夫：スキーの講習は、それこそ危なくないゲレンデに3歳児とか連れてって、上から好きに滑らせて修羅場になる。あっち行ったりこっち行ったり、もう大修羅場になるのは何度かやった。バックアップ態勢だけはちゃんと取っておいて、そっち突っ込んで落ちたら死んじゃうからそこにいてとか、好きにやらせてた。少ない時は10人とか、多い時は40人くらい。

子どもは、寒きゃあ泣くし、冷たきゃ泣くもんだ。子どもって、動物もそうだけど、徹底的にこっちが寄り添おうと思うと、どこかで観念するのよ。泣き止まない子に無理にあやしたり、何か食べさせたりしようとするともっと泣いちゃうでしょ。そうじゃなくて、泣くのつき合いますって腹決めるとふっと収まるでしょ。そうだねって、そのまんまを認めちゃう感じ。
人気のある指導員だった。だから俺、よく妬まれた。それはそうだよね、好きにやらせてるんだから、学ぶ筋ができれば子どもは自分で勝手に滑れるようになるわけだから、そこのきっかけだけ与えればいいわけじゃない。俺は、それがたまたまできてたんだね。技術指導なんて考えてもいなかったし、指導マニュアルなんて読んだこともなかったから。

N夫の子どもへの接し方は、子どもを丸ごと受け止める。どこかＨＲＬでのスタッフと子どもの関係に似ている感じがする。

卒業演習で、宮崎県の椎葉村で現地考察のようなことをやった。椎葉村は、平家の落人の子孫の村といわれていて、閉鎖的な集落をなし、廃墟のような家で、水道も電気もなく原始的な生活だった。

N夫：焼き畑農業をやったり、夜神楽があったり、今考えれば独特な文化だね。軽トラックにショットガン積んで村の山道を走っていて、鹿とかイノシシがいるとガンを取って撃つ。方言が強くて、半分言ってることは分かんない。山の民っていわれてるけど、その家にゼミ生二人で二週間ぐらい滞在した。

現在は、椎葉村も、縄文時代から伝わる焼畑農法や農業と深く結びつけた神楽が行われることから、世界農業遺産に認定され世界的に注目されているという。

大学は、単位を落として留年が決まり、また、アメリカに半年滞在した。

N夫：向こうではカレッジに通い、カリフォルニアの市民税も納めていた。その時は大学を卒業したらアメリカの学校に行って資格を取り、アメリカで暮らそうと思っていた。

帰ってきて、もう一回行くつもりで、お金はある程度ないと駄目だから、しっかりお金貯めようと思って、アルバイトをしていた。その時に奥さんと出会っちゃって、それでアメリカ行きの話は消えちゃった。

大学は卒業せずに結婚して、アルバイト先の不動産会社に就職した。その後別の不動産会社に転職して20年近く勤めた。給料もとても良かったが、社長が亡くなり、会社の経営方針が変わったため、面白みが感じられなくなって退社し、起業した。現在は自分の会社の他に、里山の体験型農園の運営、自治体と民間を繋ぎ防災・減災に関わる活動等、幾つもの仕事をこなしている。

⑤ＨＲＬ体験

ＨＲＬには、相談室の子どもたちがいたが、もともと区別はあっても、差別意識はなかった。

N夫：小学校の時は特殊学級もあったけど、壁があって、一緒に共同するっていう形ではなかったし、遊んだ記憶もない。障がいのある人と触れ合うのはＨＲＬぐらいだった。偏見がもともとあんまりないんだけど、こういう人もいるんだみたいな認識ができたよね。

あんまり気にしなかったね。何だか知らないけどうるさい奴来たぞみたいな感じで、いつの間にか皆に混ざってて。彼らは、真っ直ぐだし、教わることは多いですよね。

HRLの人間関係は濃いね。お互い尊重し合う感じの形態だから。尊重し合うというか、すべてが並立しているみたいな。それこそ本当に同調しないじゃん、皆。一切同調しないでしょ。でも、それをよしとする和がある。それって和をもって同ぜずじゃないけど、昔の戦術でいったらすごい強いよね、HRLの場合は本当にそうだもんね。暗黙のルールはあるし、道徳もちゃんとあるでしょ。R夫に対して極端にいじめたりとか、R夫が嫌な思いをして二度と来ないようなことというのはない。あったとしても誰かがフォローすると思いますけどね。今のはやりのいいコミュニティーなのかもしれないね。

と、相談室の子どもたちの参加やHRL活動の特徴を捉えている。

⑥育った地域の特徴と現在の仕事

自分の育った地元の地域力について、

N夫：とにかく小学校の周りは、地域力が凄いと思う。その中心は町内会で、横の繋がりの元はお祭りなんですよ。不動前のH神社、大きい御輿を担ぐんですね。そのお祭りの時は町会の役員さんが全員一堂に会していろいろやるわけですよ。

今住んでいるK市も凄くそれに近い、お祭りではないんだけど、横の連携がちゃんと取れている。I

緑地も本来だったら市立公園なのでいろんな法規制があるんですけど、地元の人たちが「こんな公園ができる前から俺らはここで遊んでたんだから何言ってんだ」っていう論法を通して、「子どもたちがやりたいことを何で邪魔をするんだ」って言う。そこが俺が育った地域と凄い似ている。下町っぽいんですね、多分ね。

生まれ育った地域と現在住んでいる地域の地域力（地域の人々の繋がり、共有する価値観）は、現在のN夫の地域と共に生きる姿の原点にあるといえるだろう。

N夫：俺がよかったなと思うのは、それこそ大学時代に行った椎葉村とかも、ちょっと知的に遅れてる人っているんですよ。でも、たとえば誰よりも下仕事を一生懸命やるとか、朝早く起きて馬や牛に餌をあげるのはあいつだとか、ただそれを村全体でそういうもんだとして、包み込んでるんですよね、ああいう地方の集落って。

僕の育った地域も割とそういう知的に遅れている人いたんですよ。ふらふら街歩いてる人にご飯をあげてるんですよ。何でご飯あげるかっていうと、腹が一杯だと悪いことはしないんですって。それはある意味正しいことでさ。それはK市にもあった。それはびっくりしたんだけど、昔はどこの家もご飯だけは出してあげてたと。

今の世の中、そんな迷惑かける人に対してご飯あげるなんていうのはとんでもないって考えちゃうじゃない。でも実は昔の時代って、どっちもあってグレーゾーンみたいな着地をちゃんと集落単位でもって共通の認識があったんだなって、今、この年になると感じていて、その原体験は椎葉村かなと思うね。

今の仕事の一つである体験型農園では、鬱になった人の就労支援や、発達障がいの子等を、農業実習で月二回ぐらい受け入れている。

N夫：全然普通なんだよね。よく気が利くし、技術はあるし。自己主張の弱い子って今の時代って生きづらいじゃないですか。結構最近そういう人は多いですね。あと、四肢障がいを伴っているような重度障がいの子たちが農業をしている福祉法人とも、今は半年に一回ぐらいだけど、収穫を手伝ってもらったりで交流がある。昔から色々な障がいをもった人とかはいたと思うけれど、今では、自分の障がいのことを言うか言わないかは本人次第ですよね。うちに就労体験にきた人たちが、自分には障がいや病気があると表明したからといって、何か特別扱いすることはないですね。障がいがあることを気にしては、生きていけないでしょうから。それには土いじりで汗流してもらうのが一番いいから、うちとしては受け入れはこのまま続けていきましょう、と。今まで10人くらい受け入れてきて、半数くらいがもう再就職できてるみたいだし、だからやっぱりいいんですよね。ああいう自然のなかで土をいじったりするのは。すごい効果は出てるかなと思う。

以上のように、N夫は、HRLでも「隊長」と呼ばれるほど活発で、興味のあることには積極的に挑戦し、かつ全体を見渡すような冷静さももっていた。両親は、さまざまなことを経験する機会を与え、そのなかから自分にあったものを選び取ればよいと考えていた。小さい頃からスキー、釣りに親しみ、青年期には波乗り、ラグビーとスポーツをやってきた。一方、英語ラボを継続しているなかで、中学、高校、大学とアメリカでホームステイを経験し、大学4年時には半年にわたりアメリカで生活した。アメリカ人と日本人の違いを痛感したというが、N夫自身は活動的で、挑戦を好み、どちらかといえばアメリカ人的かもしれない。現在は、社会における少数派の人々の個性を尊重し、その存在を包みこむようなコミュニティーの実現を目指しているようでもある。その生き方を育んだ一端には、HRLでの経験も活きているようである。

（3） P子さんのライフコース――子どもと共に親として、人として成長して

P子とP子の母親には、個別のインタビューを行った。そして、P子は50歳代になって、幼い頃は多動で、好きなことには没頭するが、嫌いなことはやろうとしない子どもだったから、いわゆる学校という枠にはまらず、育てにくい大変な子どもだった、と振り返る。

①育てるのが大変な子

P子の母親は、ちょっと目を離すとどこへいってしまうか分からないP子を「追いかけて歩くのもやっとで、よく死なせないでここまで来たと思う」と語った。幼稚園は、大らかに子どもをみてくれる園で、P子は魅力的な子、正義感があって、弱い子の味方をする、責任感が強い立派な子どもと良

い面を捉えてくれていたという。ところが小学校に入学すると一転し、P子はだんだんおかしくなって、上靴のまま走って帰ってきたりするようになった。クラスでは忘れ物等をグループの連帯責任としていたため、P子のせいでグループの成績が落ちるといって、いじめられるようになっていたのだ。先生に相談したら、逆にお叱りを受けた。母親はP子を追いつめるようなことはしたくないと考え、P子に合った学校を探そうと決めたという。

幼稚園の先生に紹介されて、私立の小中高一貫校に転校させた。この小学校の先生にも、授業を聞かずずっと空を見ていると言われたが、それを見守っていてくれた。子どもの個性を大切にする理解のある学校だったので、この学校に入れて本当に良かった、と母親は振り返る。

MP子：幼稚園の時に私が入院したことがあって、心配して先生にその間の様子を聞くと、「ああそうでしたか、どうりでP子ちゃんは活き活きしてましたよ」と言われました。

というエピソードがある程だ。

P子からすると、母親にはいろいろな場面で行動を制限されたり、指示されたりすることが多かった。そのため、P子は母親を重く感じてきたという。

でも、幼稚園の頃からピアノを弾くこと、歌を歌うこと、そして絵本や本を読むことは大好きで、長じて声楽を専攻するようになった背景には、母親の絶大な支えがあった。そのことについて、今でも母親に感謝している。

②子どもキャンプを楽しみ、ジュニアのキャンプのスタッフになって

Ｐ子は母親の圧力を強く感じており、それは結婚するまで続いた。だからこそ、子どもの頃のＨＲＬのキャンプのことはよく覚えており、あのように規則もスケジュールもなく、伸び伸びと振る舞えたのは自分に合っていた、子どもキャンプはすごく楽しかった、という。

Ｐ子：ＨＲＬの子どもたちって、その感性が凄い。何を言ってもここは大丈夫って思っていた。いろいろ母から圧を受けていたから。

高校３年の時から、ジュニアの子どもキャンプに、スタッフとして参加した。

Ｐ子：自分は手伝えたらって軽い気持ちで行ったけど、もっと真剣に取り組まなければならないって、後で思った。

ミーティングは眠いけど、自分が子どもに戻れる時間だった。何か、いろんなことにできが悪いし、反省だなってことが多かったけれど、子どもと関わっている時は必死だし、自分の力量のなさみたいなものを知りました。

長くは参加していなかったけど、子どもたちと迎えに来る親御さんのマッチングは絶対裏切らないって思った。キャンプの間子どもと過ごしていて、迎えに来た親御さんとぴったり。自分も小さい時から

親の影響を受けたから、この子のこういうところが、こういう親御さんからくるんだなって。私まだ子どもだったけど、すごく印象に残っている。

ジュニアの子どもキャンプは楽しいいし、勉強になった、という。

③子育てと、子どもが通ったW学園を介した親としての成長

結婚により母親から離れたP子は男の子二人の母親となり、その後、次男の幼稚園・小学校生活を通して、P子自身が親として、人間として大きく成長した、と感慨深く振り返る。

P子：うちは男の子二人だったので、女の子でなくてよかったね、と夫と話します。女の子だと私が母のようになる可能性があるじゃないですか。男の子だと、分からないから、大丈夫かなと。

P子：夫が小学校は「男の子だから区立がいいよね」と言うから、私は男の子のことが分からないからそうすることにして。でも、幼稚園だけは、おっとりしたところに入れたいと思って、上の子はミッション系のところに入れました。でも、下の子は一次試験で落ちてしまって。それで急いで探して、たまたま空きのあったW学園に入れました。

W学園は、親・学校・子どもが三位一体で、全力で子どものためによかれと思うことをなし遂げることが、小学校までのコンセプトなの。その空気感、世界観が私には凄く合ってました。これは私の持論ですけど、すべての子どもに合うと思う。とにかく体を動かす、手を働かす、全身を使ってやれる環境を周りが整えることは、今、都会では危険があったりして、難しいじゃないですか。それを本当にやってくれる。

幼稚園の時には、発達障がいのお子さんがいて、小学校の時は、クラスに自閉症のお子さんとか、耳の聞こえないお子さんとかがいました。1・2年生の担任の先生が昔に受け持ったクラスの話として、凄く印象に残っている話があって。障がいのあるお子さんがクラスにいて、その子どもさんに皆が合わせるから、いろいろ考えながらクラス全体が凄くゆっくり動いていた。その子どもさんが入院していなくなった途端、今まで抑えていた我がままが出て、クラスが凄くざわざわした。だから、その子どもさんは、クラスをまとめていたって。もしかして長くは生きられないかも知れないけれど、そういう役割をもって生まれてきて、他の子どもに影響を与えていた…、というお話。凄くいいなと思って。

P子：(子どもキャンプで相談室の子どもたちにP子自身が関わった) あの時一緒に生活させてもらったことは本当によかった。あの年齢 (小学校5年) で出会ったことがよかった。だから下の子も幼稚園と小学校で、そういう障がいのある子どもさんと一緒に育ったのは凄くよかったと思う。小学校から入ったお子さんで、ちょっと難しいお子さんがいて。不思議とうちの子は、そういうお子さんと上手につきあえる。幼稚園からずっとそういう子どもたちとおつき合いしているからできたのかもしれない…。

P子：次男の幼稚園時代から、私は絵本を読む会に入っていたんですね。司書の先生に、「先生、私、図書館とか本屋さんとか行くと、本に呼ばれるんです」と話したら、「本当、そうなんですよ」って。出会う本に何となく引きよせられて、そっちに行ってしまい、手に取った本が、もともと自分の読むべき本だったとか。（そうかと思えば）自分では手に取らないような本を、他のお母さんが読んで紹介してくださって、それ読んでみてよかったり、そこから展開したりして。たまたま子どもに読もうと思った本が同じだったりすると、その方と凄い気が合ってると思って。

W学園では保護者向けの講演会が開かれる。S病院のR先生、H先生のお話からは、頑張っても病気で報われない子どもたちがいること、自分の子どもに試練があったとしても、生きていることに感謝し、小さなことでもよいから人のためにできることをしようと思えた、という。

P子：自分が子どもの時や若い時、周りのことも考えられない人だった。W学園に次男が入ってからいろいろ教えてもらいました。お母様方から学ぶこと、子どもから学ぶことは、本当に膨大な分量ですね。自分が積極的に関わって、労働力として無償で提供したことが、自分にとって、もっとよいことに返ってくる。今まで考えたことなかったこととか、面倒だと思っていたこととか。そこから自分がやれるなら、やれることをやっていこうという人に、少しずつなっていった。今でも面倒だなと思うことは一杯あるけど。子どもはもともとそうだったかもしれないですけど。上の子なんか、損しているじゃないのって思うぐらい、一生懸命クラブ活動の世話をしたりとかしてて。私が「そんな、また、あなたがやるの？　そんなの代わってもらえばいいじゃない」と言うと、「いいんだ。僕はそういうことをやって、自分のためにもなっているから、いいんだ」と。ああ、そうだったなと、また学んで。

P子：W学園を知ったことは、私の人生にとっても、息子の人生にとっても、本当にどれだけ宝だったことか。W学園に行ったあの九年間の蓄積は、それは宝。そこからの人生は、私も凄く変わりました。W学園に入ったから私が変われたのか、子どもの成長とともに変われたのか分からないですが、自分としては、ずっとああじゃなくてよかったなと思っています。

と振り返り語っている。

P子のこうした変化は、W学園で学べたことと子どもの成長とともに変わったこと、その両方に支えられたのだろうと思われる。しかも、全身を使って子どもが主体的に生活していくなかで、障がい児とも、共に生きることを大切にしているW学園の校風は、HRLの子どもキャンプでの生活、そして相談室の子どもたちとの出会いにも相通ずるものがあるように思われる。P子にとって、HRLでの体験が心地よいものとして記憶されていたからこそ、W学園の方針に心から共鳴できたのではないだろうか。

(4) D子さんのライフコース——女性三世代に引き継がれるもの

D子の母親には、生前に個別インタビューを行っていた。D子には母親が亡くなった後に個別インタビューを行った。

①母親の手記

まず、母親が、D子の20歳を迎える時に書いた手記「子育てとHRL」から、みていこう。

MD子：まだ生まれていなくて実感のない我が子について、はっきりと覚えていませんが、期待できるとか、できないとか、どのように感じているかというような事項について担当医を介して、いろいろ尋ねられた問いが古澤先生の設問であり、20年後の今日まで続くこのグループとの関わりの始まりだったとは、困惑しながら回答していた私には想像もつかないことでした。

初めて私が親になった頃は、自分の両親をはじめ、昔の親、まわりの親と比べて、自分ほど我が子を愛し、理想的な育児をしている者はいないと思っていたものです。古澤先生発行の『創生』という通信上で「父母であること」という詩を拝見しましたが、その頃、子どもは10歳くらいでまだまだ親の力で親の希望のように子どもを育てることができると思っていた私は、素敵な詩ではあるがこの通りだったら悲しいし、そんなはずはないと思ったことでした。先生はこの詩を、密かに掲載なさって、親のあるべき姿を示唆され、また、私が接した親としての先輩の方々も、子育てに関しては声を大にして先輩ぶるのではなく、後輩が身をもって体験していって、さまざまなことを悟るようにしむけてくださったような気がします。そしてようやく長い人間の営みの歴史のなかでは、自分だけが特別ではなく、親たる者は皆同じように感じながら子育てはなされてきていることがはっきりと見えてきて、いかに自分の思いが不遜であったかが分かります。同時に、この詩の事実を一抹の悲しさとともに認めざるを得ません し、そうすることが親と子の成長なのだと思います。

古澤先生からは、子どもの成長途上の数々の場面で先入観や、主観的な意図をもたないで子どもを見て、心の安定を保つことを大切にすることを教えられ、そうすることによる変化、または成長は、子どもも本人のなかでしか分からないという、歯がゆいような子どもとの関わり方を教えていただいたような気がします。そしてだんだんに「子どもは子ども」という子離れができてきたようです。

何かやりたいけどできない、話したいけど話せないというような時の、長い空白や、沈黙の時間ですら意味があるという考え方に基づいて関わってくださった先生や、スタッフの方々から受けた影響を、お互いに気持ちを聞いて関わりをもてるようになった、20歳を迎える子どもたちは、そろそろ分ってきているのではないでしょうか。

父母であること

あなたは子どもたちに愛を与えることはできるが、
あなたのものの考えを与えることはできない。
なぜなら、子どもたちは子どもたち自身のものの考え方をもっているのだから。

あなたは子どもたちのからだの世話をすることはできるが、

彼らの魂をそっくり飼いならすことはできない。
なぜなら、彼らの魂は明日という住み家に息づいているのだから。
あなたは子どもたちのようになろうとつとめてもよいが、
子どもたちをあなたのようにしようなどとしてはいけない。
なぜなら、人生は後向きに進んでいくものでもないし、
昨日のままで留まっているものでもないのだから。

（カリール・ジブラン『預言者』より　古澤頼雄訳による。『創生』No.13、1975年7月）

この文章からは、D子親子二世代にわたるHRLとの関わりがどのように始まり、母親が、子育てを始めた頃、D子が10歳の頃、そして成人を迎える頃に、どのような気持ちを抱いていたかを窺うことができる。

D子の母親は子育てについて、「やはり何か深い真理みたいなものを見ることのできる人に育ってほしいと育ててきた」と語っていた。多くの親はもっと現実的なことを子どもに願うのではないだろうか。D子の母親は、それとは次元の違う深い気持ちを抱いて子どもを育ててきたと感じられる。D子も「たぶん自分の名前も、『美しい』とか、『賢い』とか、『幸せ』とか、そういう文字じゃなくって、『希望』のことを入れてくれたっていうのは、母らしいと思うし、すごく感謝している」と語っ

ている。冒頭のD子が20歳の時の母親の手記からも、その思慮深さを窺うことができる。

②D子の英語でのスピーチ

D子は大学卒業後外資系のコンピューター会社に就職した。アメリカ出張等も経験してから退職していたD子は、古澤から横浜で行われる国際学会で、英語のスピーチをしてほしいと頼まれた。内容は、冒頭で紹介したD子の母親の手記、すなわち20歳を迎えた娘の母親としての思いを綴った文章を読んで、40歳代になった娘であるD子がどのように感じたかについて「自由に」語ってほしいというのである。「縦断研究では、当事者に語ってもらってこそ」という古澤らしい依頼ではあったが、ただそれだけの説明で、国際学会で話せというのはあまりに無茶だ。初め、D子は漠然としていてとてもできないと感じたが、何とか無事にやりきった。

D子：母は、私が中学生から高校生ぐらいで反抗したり、母の思い通りにならない時期があるんだと実感した後になってこの文章を書いたんだなって、感じたんですよね。

やっぱり学校に行きたくなかったり、親のやることに凄く反発する気持ちをもった時期が確かにあって、それを越えて母はこう思ったんだろうなという話をした。今だったら、また違う感じをもつと思うけれど。

横浜だったので、「見に来て、見に来て」って言ったので、母は見に来たのね。英語ができるようになってほしいとか、インターナショナルなセンスっていうのは、すごく母の影響だったと思っている。

私が、英語でプレゼンテーションするのを母が見るということも、母の前で母のことを話すということも、この時しかチャンスはなかったと思う。だから、この時しか有り得なかったチャンスを、古澤先生は下さったんだなと思う。

あんなに大勢の人を前に英語で話をするって、お仕事している時でもなかったことだったので、英語も凄い自信がついたの。集中してちょっと頑張れば、できるなっていうのを教えてもらったっていう意味では、自己肯定感なのかもしれないけど、そういうきっかけをもらったような感じ。

と語ってくれた。

③親への反発、母と娘の立場から

母親は、「娘が高校の時、学校へ行かない、と登校拒否になったことがあるんです。私としては、大きな出来事だったんです」と、一連のエピソードを語ってくれた。

ある朝、D子が、学校へ行かないと言い出した。厳しい学校だったので、母親は早く連絡しなければと、「具合が悪く、頭痛がするのでお休みします」と、学校に電話を入れた。それを聞いていたD子に、「何で大人は体裁を繕うのか」と、すごく反発され、「本当に、どうしたらいいかしらって、思いました」。D子に責められ、母親は、「実は熱があったのではありませんでした。何故嘘をつくのかと子どもに指摘されました」と、正直に電話を入れ直したという。いつまでも嘘をついているわけにはいかない、ごまかしてつき合うのはダメだと覚ったそうである。

親子のこうした対立はおそらく多くの家庭でもあることだろうが、D子の母親は、真に誠実にそれに向き合ったように感じる。しかし、母親は「それが今までで、D子に関して一番苦しかったことですね」と、語った。

一方、D子は、「その時は分からないことが、時間が経ってくると、全然違う視点から見えてくることがある」と、母親に反発した当時について語ってくれた。

D子は、小学校から高校までミッション系の一貫校に通っていた。

D子：小学生の頃は、「お友だちと先生と楽しく勉強しましょう」っていう感じで、凄く楽しかった。それで、同じ学校だから、同じようなつもりで中学校へ行くと、勉強するという色彩が強くなって、「何か違う」っていう感じでつまらなくなったり、学校行っても意味がないように思えたり、嫌なこともあったのかな。

先生も、小学校の時の先生は、大人として尊敬できる感じで、駄目なところは見せたりしないけど、中学になると大人の二面性が見えてきたり、先生も人間として完璧であることよりも、勉強を教えることがメインになって、先生との信頼関係が変わってしまった。

という。

ところが、母親は、小学校の時と同じ調子で何でも先生に相談する。D子があまり信頼できない先生に何でも相談するので、言われたことが恥ずかしかったり、それで先生に会いたくなかったりした。

しかし、そういうことは、その時は気がつかずに、「また、余計なことばかり言って」と、母親のことも嫌になっていたのだと、今になると分かるという。

さらに、高校生になるとD子は、目標が決まらないのに大学受験態勢に入っていくのは嫌だと主張したようである。高校の先生も、親も、目標が決まらなくても、大学に入学して勉強しているうちに目標が見つかるかもしれないからと、とにかく受験態勢に入るように説得したが、D子は納得できなかった。思いあぐねた母親は古澤に相談した。古澤に紹介された相談機関にD子は何度か通い、思いを話すことができたのか、解決していったという。

D子の「母親・大人・社会通念への反発」は、青年期特有のものともいえるし、D子自身も大人になってみると、なぜ母親にあんなに反発したのか客観的に考えられるようになっている。しかし、母親にとっては、娘に強く反発され、精一杯誠実に対応したものの、子育てへの自信をなくす経験となってしまったようである。

D子は、母親が亡くなってから、母親について、次のように語っている。

D子：本当にいい人だった。神様と出会って、気持ち的に救われたのかもしれないけれど、人のために何かするとか、皆のために自分の役割は何だろうとか、そういう思いが強かったんですよね。

自分自身もその通りにするかといったら、多分そうじゃないと思うことも、いろいろある。でも、すごく影響されているし、物事の考え方の基本として、やっぱり自分の本当にやるべきことは何かということを自分に問う。そして、「これだ」っていうのが分かったら迷わない。そういう生き方を教えてもらってよかったと思う。良くも悪くも、母の歩いた道と同じような道を歩いているのかなと思います。

④遅く始まった子育て

D子は、結婚17年目にして女児を出産した。夫は、テレワークで自宅で仕事ができるため、夫婦二人で子育てを行っている。

D子：主人は、特に年取ってからできた子なので、超イクメンなんですね。うちはね、お風呂はパパ。お風呂で悩み相談とかして、私の聞いていない話とかパパは聞いている。

主人には言ってないいんですけど、娘に「うちのパパは格好いい、うちのパパは素敵なのよ」って、思わせようとしているの。自分の選んだ人みたいな人を選んでほしいって思っているのかも知れないけど。

年取って産んでいるから、私たちは早く死んじゃうかもしれないので、早く幸せになってほしいと思う。

と考えているようだ。夫は時間が自由になるので、幼稚園や学校の行事で父親が参加できるものには欠かさず参加しているという。

一方、高齢での出産となったため、祖母・母の介護と子育てが重なってしまった。

D子：自分は介護で夢中になっていたけれど、娘は頑張って協力してくれていたんだなと思う。母が亡くなって、悲しさも勿論あったと思うけれど、やっと本来の一人っ子に戻って甘えたくなっていたのかなって、今になって思う。

娘はそれまでは一人で行けていた学校に、「一緒に来てほしいの」と、母親が一緒でないと登校できなくなったり、帰りも不安で泣いてしまって帰れなくなったりした。娘と登下校を共にするなかで、いろいろ発見もあった。何か月も続いた娘との登下校について、

D子：途中はちょっと焦り、やがて開き直り、もう大丈夫だなって思ってからは、どう止めるかって、あとはきっかけ探し。でも、やっぱり自分がもっと若かったら、もっと辛かったと思う。

と語っている。

周りの母親たちとは、10歳は年齢が違う子育てとなっている。

D子：若いお母さんに比べると、「まあ、いいや」って思える度合いは多分多いので、全然違っていて、そういう意味では、暢気かな。

D子：（若い母親たちを見ていて）変なものは変って思えるくらい年取っちゃっているので、他の人ほど（子育てを）一生懸命やってないけど、ゆったりはしているのかなという気がする。

でも、一生懸命度合いは、やっぱり若いお母さんに負けてるなと思う。

と語っている。そして、やはり子育ては体力勝負だと考えて、夫婦でランニングをしているそうだ。震災があっても娘の学校までなら本気で走れば、一時間で走れる、という。

D子：子育てのことを聞かれたら言おうと思っていたことは、やっぱり女の子を育てるのは、自分の育ってきた過程を振り返る。あの時の自分の思っていたこととかが、何となくこういう意味だったんだって分かったり、娘のやることで、私もやってたなって。だから、幼い自分に会うような感じがする。

という。

そして、自分が中学生になって母親に反発したことを思うと、

D子：きっとそうなるんだろうなと思う。そう思っていると、多分、大丈夫な気もするし。でも、その時に母がいてくれたら、そういう、わけの分からない時のあれは何だったのって聞けるのに、それができないのが寂しいなと思う。そう思うと、やっぱり親が元気なうちに子育てしておく方がいいなと思う。「そんなに頑張り過ぎなくていいのよ」って言ってくれるお祖母ちゃんがいるうちに、子育てする良さっていうのもきっとあるなと思う。

と、母を亡くした後の子育ての寂しさも語ってくれた。

⑤ＨＲＬの大人、ＨＲＬ体験を振り返って

D子は、小学生の時、大人には、「大人に対する接し方をしなければならない大人」と、「大人として接しなくていい大人」というのがいたという。

D子：古澤先生は、大人と思って接しなくていい大人で、ＨＲＬのスタッフは、結構そうだったと思う。今の私の言葉で言うと、子どもの心をもった大人。子どものつもりで接していい大人っていうのは何となくあった。小学生の頃は、ＨＲＬの大人は大人として接しなくていい大人だった。

毎年子どもキャンプで、そんな大人と過ごせたってことは、具体的なエピソードはないけど、自分にとって多分すごく意味があるんじゃないかなって、漠然と感じている。

という。

40歳代になって、『寄稿集』を作っていた頃、O子と二人で「私たちは見ていただけだった」と気づいたという。

D子：皆が自分のやりたいことを好き勝手にやっているのを、面白いなと思って見ていた。自分がやりたいことはそんなに強くもっていないし、だからアピールもしない。でも、何となく自分も弾けていろ

んなことをやってるような気になって、そこにいた子だった。

私、結構インドア派だったかな。長寿園お残り組だったかもしれない。だからそういう意味では、他の人たちみたいに、普通は駄目って言われることを、キャンプでやったっていう実感は意外とない。

中学高校くらいの時は、一緒になって弾けていたから、ずっとそうだったように思っていたけど、後になってみると、小学生くらいの時は、実はその輪のなかにいたわけじゃなかった。

もしかすると、私が女子校だったので、男の子たちのすることは衝撃的で、立ちすくんでいたのかもしれない。


また20歳で、『見えないアルバム』を作る時のことについて、

D子：まだその時は、ティーンエイジャーの最後くらいで、少なくとも私は、小さい頃の自分のことは客観的にみえてなかったと思う。今になってみたら、あの時はまだ子どもだったと思う。
中学高校くらいの時に、（長寿園の）布団部屋でいろいろ話していたその時代の続きだったんじゃないかな。普段の学校生活と違うHRLで、ちょっと先のことをみたりしていたけど、まだ子どもの視点だった。

そして、最近の仲間たちについて、「夏の中里へ行く相談でも、子ども時代に戻ったみたいで、40年前に戻るスイッチをもってるところが凄いよね」とみている。自分については、

D子：私は、ちょっと自由じゃないくらいの方が好きなタイプかもしれない。だから昔からそんなに弾けないタイプで、弾けている人を見ているのが好きだったのかもしれない。それはうちの娘も結構そうみえる。だから、多分子どもらしくなくて、ちょっと心配だなって思うところもあるんだけど、でも私もこうだったっていう感じ。

このように、HRL体験を思い浮かべつつ、自分の子ども時代と娘の姿を比べている。D子は、やりたいことが自由にできる子どもキャンプでも、活発に行動するタイプではなく、思い切り元気に振る舞う仲間たちを眺めるだけで、「HRLの精神」を満喫していたのではないだろうか。40歳代になってから、

D子：スタッフたちのなかで「自分のものの見え方・感じられ方に気づく――自分に内在する感情・価値観・常識を吟味し合う」「囚われのない関係の実現を援助し合う」という「基本姿勢」があったことは、『見えないアルバム』を読んで初めて分かったことでした。そして、何故HRLはあんなに居心地が良かったのか、納得できた気がしました。

と綴っている。

D子：幼い時にそんな大人に囲まれた経験をもったことは、私の人生にとって大きな意味があったと思うのです。

とも。子どもキャンプで、子どものやりたいことを尊重しようと努めるスタッフたちのなかで過ごせたことの幸せや、自分の内にもその「基本姿勢」が生きていることを、感じているようである。

2 Jグループメンバーの40歳代でのライフコース

(1) c子さんのライフコース——夢の実現に向けてアメリカで生きる

子どもの頃の宇宙への興味を職にまで繋いでいったJグループのc子は、現在カリフォルニアに住んでいる。彼女が帰国した時、また、私たちがカリフォルニアを訪ねて、何度かインタビューをしてきた。画家にもなりたかったという彼女は、服装にも自宅で使う日用品にもそのセンスが窺える女性である。

①南信州の夜空に魅せられて

c子は、7歳の時に行った南信州での夜空の美しさに魅せられ、それまで本嫌いだったのだが、神話や星座の本から読み始め、中学では相対性理論まで読破する等、どんどん宇宙への興味を深めていったという。また、絵を描くことも好きで、本格的に習ってもいた。母親はc子が幼い時から語学の教師として働いており、母親の働く姿を子どもなりに誇らしく思っていた。

HRLの子どもキャンプには、

c子：物心ついてからずっと行っていたので、それが当たり前だった。楽しく思うようになったのは、誰が誰だと分かるようになってきてから、大人と過ごしても、子ども同士で遊んでも楽しかったですね。親元を離れて友だちと遊べるのと、自然のなかにいるのが好きで、丸岩で泳ぐのが好きだった。丸岩って、苔とか、小さな虫とかもいっぱいいるんですよね。中里は全体的に面白かったですね。

と振り返る。

中学生になると、進路について理系の父親の考えに影響されながら、真剣に話し合い、考えるようになっていった。父親の考えとは、「宇宙飛行士になりたい」「画家になりたい」だけでは十分ではなく、宇宙飛行士になって、あるいは画家になって、具体的にどのように人や社会の役に立てるかを明確にする、ということであった。宇宙飛行士も画家も、医師のように人の役に立つことが目に見えて分かる職業ではないので、父親を納得させようと議論するなかで、c子の進路は徐々に具体的になっていった。

父親とこのような議論をしている頃、日本人で初めて毛利衛氏が宇宙飛行士として飛び立つことに因んださまざまなイベントが企画された。そのなかの一つに絵画コンクールがあり、c子は締め切りギリギリに夜なべして応募したところ入賞した。その副賞の一つはc子の絵の写真を毛利氏が宇宙に持って行くというものであった。そして確かに宇宙まで飛びましたという「証明書」と「額縁入りの絵の写真」が、c子のもとに届いた。しかも、その時のc子の住所が主催団体のリストに誤って紛れ込んでいたため、国際会議の招待状がc子に送られてきた。会場がたまたま学校の近くであったこともあり、学校に出席したいと願い出ると、「絵画コンクールにも入賞しているし、c子さんは宇宙が好きなので」と許可された。授業を抜けて行ってみると、会場にはスーツ姿の男性がほとんどで、制服姿のc子は目立ち、いろいろな人から声をかけられた。そして幸いにも毛利氏と話す機会に恵まれ、進路に悩んでいることを相談すると、「そのうち科学者だけでなく、絵を描くような人も宇宙に行ける日がきますから、是非、両方やってください」と励まされた。そこでc子は「両方といっても……」と考えあぐねた末に、取りあえず科学をやろう、絵は描かないにしても、日々の生活のなかで美的感覚をもち続けるようにしよう、と決めたという。

②アメリカへ、そして宇宙への興味を職業へ繋ぐ

その後、父親がアメリカ勤務となり、「行く?」と聞かれ、宇宙工学の本場に行くことに全く抵抗

なく、即座に「はい、行きたい！」と答えた。高校2年の時に家族でアメリカに渡った。家族は二年後に帰国することになったが、c子はアメリカ社会と相性が良いだけでなく、自分の夢を追いたいと、一人アメリカに残る決心をし、両親も許してくれた。それだけに、大学1年生で一人アメリカに残った時、好きなことを思いっ切りやれる自由を得るには責任が伴うことを実感した、という。

そして、父親が求めた進路選択の条件について繰り返し自問自答し、どのような可能性があるのか考え、その具体的な道を粘り強く探った。その結果、大学ではまず物理と天体物理という理論的な分野を学び、大学院で宇宙工学という応用実践的な分野を学ぶことで、c子が学びたい学問と実社会との繋がりを見い出そうとした。さらに、当時は従来の学問体系とは異なる学際的学問体系が拡大しつつあった時期でもあり、生物学と医学と工学の学際領域である「生物工学」という分野に出会った。そこで、無重力状態が及ぼす骨の減少について、物理と宇宙工学のバックグランドを活用して、工学的な視点から骨の研究へと、つまり自分の興味ある分野で実践的な問題に応用することを叶えていった。

③結婚、子育て、そして現在

大学院で学んでいる間に、アメリカに留学していた日本人と結婚した。その後も、骨の研究の場を求めて模索は続いたようだ。仕事と親になることについて悩みながらも30歳代後半で男児の母親となった。身近に頼れる親戚がいないことや、何事も自分が納得するまで考え抜かないと気が済まないc子の性格から、「自分の生き方として母親となることに納得するまでに11年かかった」と振り返っている。

出産は予想外の展開となり、烈しい痛みに襲われ思わず「う、痛い！」と日本語で叫び、夫が英語に訳したそうだ。c子自身「日本語が出るんだ！」と思ったという。育児方法の日本とアメリカの違い、たとえば赤ちゃんをぐるぐるきつく巻いて蓑虫状態にする「スワドル」とか、隔日のお風呂等の違いを感じながらも、「郷に入ったら郷に従え」とアメリカ方式で息子を育てているようだ。また、c子は働く母親の姿を見ていたこともあり、子どもを生後二か月半から託児所に預け、仕事に復帰し、夫も積極的に協力してくれて共同子育てを実践している。そして家では日本語で話すように心がけてはいるものの、夫婦とも海外生活が日本の生活よりも長く、時事問題にしろ、専門用語にしろ、日本語が分からないため、そうした話題はどうしても英語になってしまうそうだ。こうした言語環境から、現在3歳になる長男は、日本語も分かるが英語が優勢であるという。

c子は自身のアイデンティティはアメリカ人でも日本人でもなく、長いこと住んでいるカリフォルニア人であり、日本文化とアメリカ文化の良いところも悪いところも吟味して吸収し、多文化のなかで夢の実現に向けて少しずつでも前に進んでいければよい、と考えている。そして、子どもの教育についてＨＲＬ経験も含めて諸々の状況を考慮した上で、カリフォルニアで教育し、さまざまな文化と出会い「多様な人々と共に生きるアメリカ人」として育むことを夫婦で決心して今日に至っている。

（2） a子さんのライフコース――自分のキャンプ体験を家族と共に

Jグループのa子は、子どもキャンプではホームシックで泣いていた。バレエを習っていたためか、つま先立ちですっすっと軽やかに歩く姿がスタッフの印象に残る、おとなしく、繊細な感じの子どもであった。そのa子が、何と自転車のツーリングで夫と出会い、仕事をもちつつ、たくましい母親となっている姿は、子どもの時の姿から想像するのは難しい。

①子どもキャンプでの思い出

a子は、HRLのことはよく覚えているという。その記憶はN女子大に親子で行った時まで遡るが、「何といっても子どもキャンプが楽しかった」という。「石を拾うのが好きで。宝石も好きだし、ただの石ころも好きな子ども」だったので、「HRLのキャンプに行くと、石をやたらと拾って帰ってくるので、リュックが凄く重たくなって帰ってきました」。でも、初めて参加する前夜には、親元を離れることに大泣きし、キャンプ中もホームシックになり、g子と一緒に泣いていた。それでも「楽しかった」と語る背景には、どのようなこと、どのような思いがあったのだろうか。a子の30歳代半ばでの語りから探ってみよう。

a子：もともと、わりと繊細というか、他の子が気にしないような些細なことを気にしてしまう性格だった。一言で言えば協調性がないということだと思うんですけど、人と同じことをしたがらない、人がしているからっていう理由で、同じことをしたりすることがあんまりできない。そういう自分を意識してしまうような子どもだったのではないかと思います。

このような性格から、教育的な幼稚園で皆と一緒にバイオリンを弾くことには、あまり馴染まなかったようだ。

その一方で、

a子：HRLのしおりって毎日のスケジュールは全部真っ白ですよね。何にもなくって、全部自分で決めていいですよ、と。いわゆる「自主性を重んじます」っていうような肩肘張った感じでは全然なかったですよね。やりたいことが決まるまで、ずっと待ってくれるし、やりたいことがもしあったら誰も止めないし、でもほったらかしているわけではなく、サポートしてくれていたんだと思うんですけど。当時は、無邪気に、刺激的だったし、好き勝手に好きな人と遊べばいいし、一人でいたかったら一人でもよかった。

と振り返る。a子はHRLの子どもキャンプの他、市で主催する一、二泊のサマーキャンプに小学校1年から参加したが、

ａ子：プログラムは全部決まってますよね。「皆でカレー作りますよ」「ここで工作して、夜はキャンプファイアーして、寝て、朝起きたら体操から」っていうように。それなりに楽しんではいましたが…。

と、ＨＲＬの子どもキャンプとの違いを捉えている。

②小学校と子どもキャンプの違い、中学受験を経て長寿園での最後の子どもキャンプへ

さらに公立小学校では、

ａ子：一律一斉、画一的というか。そういうことを意識してしまう性分は、煙ったがれるし、先生にも嫌がられる…。本当にいじめられているか分からないんですが、いじめられていたって私は捉えていて。
　集団で同じこと言われても気にしない子と気にする子がいると思うけど、私は気にする方だったので、すぐ学校へ行くのが嫌になりました。小学校３、４年の時は、朝になると「お腹が痛い」って言って、朝学校に行くのに一苦労でした。

ａ子：（ＨＲＬの）友だちは個性的で、刺激的。小学校の友だちとやっぱり全然違いましたよね。

ａ子：ｉ子さんとｃ子さんの二人組は、すごくお姉さんという感じで、憧れもあって…。

と振り返る。年齢が前後する子どもたちとの関わりが、キャンプを一層魅力的なものにしていたようだ。

3歳年上のi子が「K学園に行っている」と母親が聞いてきて、「すごくいい学校だよ、見に行ってみない?」ということで学園祭を見に行き、

a子：少なくとも、嫌な気持ちはしなくて、女の子だけで素朴に自由に楽しそうにやっているなって思いました。i子さんも慕っていたので、「いいな」と思って。それで、「この学校に行く」と決めて受験勉強を始めたんです。

という。そして、小学校に行くより塾に行く方がよっぽど楽しく、受験勉強はすごく楽しかったとも。ただ、受験勉強中は夏期講習会等のため、HRLの子どもキャンプには参加はできなかった。中学校3年で再び参加するようになったが、

a子：小学校の時のように、ただ無邪気にキャッキャキャッキャッって言ってるんじゃなくて、やっぱり複雑な話も継続的にできるような年頃になってきたんですけど、その年が、最後の長寿園だった。翌年は近くのバンガローだったんですよね。何棟かに分かれてしまうし、バンガローの部屋も小さくて、あまり話もはずまないような。川遊びとかは普段通りに楽しんでたんですけど、なかなか長寿園みたいに自

由にはいかず…。だから、小学校の5、6年生の頃の一番旬な時期を、逃しちゃったな。

という思いが強くあるという。

③子どもキャンプ後の触れ合い、自転車との出会い、そして結婚

子どもキャンプが行われなくなった後も高校時代にはJグループの何人かでディズニーランドに行ったり、学園祭にお互い行き来したり、大学時代にはi子と一、二回会ったりして、今でも繋がっていることから、

a子：i子さんというお友だちを得て、自由な校風の女子校に通えてよかったと思っているので、（HRLを通した）いろんな縁にはとても感謝しています。

また、大学生になって、バックパッカー旅行にのめり込んだのも、HRLでの生活を体験したからこそと、次のように語っている。

a子：人に決められないで、自分でもあらかじめ決めることもせずに過ごすことができたHRLのキャンプ体験は、人生のなかでも、すごく貴重だったなと思うんですよね。そういう時間がもてたというのが、凄い土台になっていると思っています。

大学では専門の勉強よりも体操部での活動をそれなりに楽しんだが、社会人となって「自転車」に目覚めたという。小さい頃に習ったバレエや大学での体操は、常に上手くなっていく必要があり、運動神経があまりよくない自分には向いていないことに気づかず長いことやっていた。ところが、社会人になって始めた自転車は、乗ることさえできれば上手・下手は関係しないので、「私に向いているスポーツはこれだな」「旅行には行けるし、〝自転車最高！〟」と覚ったという。しかもツーリングで出会い、親しくなった男性と結婚することになった。a子としては結婚後も仕事を続けたいという希望はなかったが、夫は「いや、仕事は絶対にしていた方がいい」と言う。あんまり強くものを言う人ではないが、そう言ってくれたおかげで続けることができ、今は仕事をもっていることで自分の人生が豊かなものになっていると感じている。

④出産、子育て、子どもキャンプ体験を我が子にも…

そして、諸々の事情で単身赴任していたなかで長女を出産した。あまりに短時間で生まれてきたので、まるで他人事みたいに「出てきたな、ついに」という程度だったという。それが「初めての授乳の時、おっぱいを口に含ませた瞬間に雷に打たれたみたいに『かわいい！』と思った」と、母親となった実感・喜びを語っている。長女には大好きな川に因む名前をつけたが、海よりも川に親しみを感じ惹かれる原点は、神流川の川原で遊んだ子どもキャンプ経験だという。産休明けからは当時の職場の保育所に預けたが、娘がアレルギー体質だったことから、毎日の弁当を持参しなければならず大変だったという。2歳半でほぼ食事制限は解かれたが、一人での子育ては難しいと痛感し、親子三人で暮らすために転職した。

a子：親と離れがたい性格は、私譲りなのかな、と思いますけど。やはり「保育園に行くより、お休みの方がいいな」って言いますね。「毎日お休みがいいの」って。(そういう姿を) 見て「そうだ、私もこうだったから仕方ないな」というか、「子どもにはこういう子もいるんだ」というか。そんなふうに捉えています。

と我が子について語っている。また、

a子：自分がHRLで得てきたことを思うと、娘にもそうしてあげたいって思いますね。毎日キリキリと「ほら、保育園に行くぞ」だの、「早く寝ないと明日起きられない」と言っている日が続いてしまいます。たとえホームシックになっても、伸び伸びと、中里の子どもキャンプのような自由に過ごせる機会を是非もたせてあげたいと、凄く、これは心から思っています。

とも強調していた。

現在、a子は、小学校3年の長女と4歳の次女の母親となり、仕事をしながら子育て真っ最中である。自分自身のHRL体験から、子どもにも…、と思っていろいろプログラムを探すが、HRLのような自由なものを見つけることができないと嘆く。そして、ＨＲＬの夏の旧中里村訪問や、秋の農業体験に家族四人で参加している。Ｓグループのメンバーとグループのａ子家族、そしてスタッフたちとの触れ合いは、両グループの子どもキャンプの様子とも重なりながら、それぞれに30・40年から50年の時の流れ、立場や役割の変化、そして繋がりの深さを感じさせるものとなっている。

III

子どもキャンプを体験したことを改めて考える

ここでは、ＨＲＬ活動に参加し、子どもキャンプを支えたスタッフたち、研究協力を承諾し、これまで継続してＨＲＬに関わってきた母親たちについてみていく。

スタッフ一人一人はキャンプでの体験を、参加当時だけでなく、時間経過の中で折に触れ振り返り、どのように考え、受け止め、それぞれの人生への影響等を意味づけているのだろうか。また、母親として子どもをキャンプに送り出したことを含めて研究協力者としての親子の体験を、一人一人の母親が当時だけでなく、子どもが20歳代、30歳代から50歳代になって振り返り、どのように考え、受け止め、どのような影響を受けたと捉えているのだろうか。

7章　それぞれにとっての子どもキャンプの意味

1　スタッフにとって

子どもキャンプでは、一人一人の子どもの「やりたいこと」を実現する、すなわち、子どもの自己決定を支えるということが大切にされていた。しかし、その「やりたいこと」には、日常生活において子どもがやったり、やろうとすると、大人に止められたり、怒られたりすることも、当然ながら含まれていた。いや、子どもキャンプでは、それらがとても多かった。

一方、スタッフは、それまでのそれぞれの家庭や学校での生活を通して、一般常識のもとで育てられてきた。「やりたくてもやってはいけないこと」は、「やらなくなって」大人になったのだ。それだからこそ、子どもキャンプにおいて、一人一人の子どものやりたいことを支えるためには、まず、スタッフが自分自身の無意識のうちに身につけてしまっている枠、つまり自分が止められたり、怒られたりしながら身につけてきた「常識」を脱する必要があった。年間を通したスタッフの定例ミーティング、および子どもキャンプ前後の合宿でのミーティングでは、主にそうしたスタッフ自身がもつ枠組み・価値観を吟味することに多くの時間とエネルギーが割かれたのも必然だろう。

子どもたちが成人し、スタッフも50歳代から70歳代になって、改めて定例ミーティングと合宿での集中ミーティングのなかで、HRL活動を振り返った。また、それらに参加できなかった旧スタッフの数人には、個別インタビューを行った。そして、当時繰り返されたミーティングや子どもキャンプ等のHRL活動をどのように理解し受け止めていたのか、どのようなことを考えて活動していたのか、さらに、年数を経たからこそ気づき・考えること等について、語り合い、一人一人が記述した。以下、それらの内容をみていこう。

(1) スタッフ・ミーティングの特徴

年間を通した定例ミーティング、そして子どもキャンプ前後での合宿では、どのような内容が、どのような雰囲気で話し合われていたのだろうか。

まず第一には、それぞれのスタッフが子どもをどのように理解して関わったのかについて、具体的なエピソードに基づいて話し合われた。しかし、それは同時に、多くのスタッフにとって自分を見つめなければならない厳しいものだった。

初期の頃の様子を二人の語りと記述からみてみよう。

SE：子どもに対してどのように関わったか、その時は、自分のなかでどのような気持ちが動いていて、その上でどういう吟味をして関わったのかということを、かなり言語化させられました。それは一方で辛い作業でしたが、他方ではワクワクするような、両方がありました。そういうことを随分繰り返しました。やはり初めての経験でした。

SC：ミーティングは長く、とても重い時間でした。何よりも厳しいのは自分自身との向き合いでした。スタッフはほぼ同年代の院生が多かったですが、私は他のスタッフのように自由に感じたこと、考えたこと、他のスタッフに対して感じていることを言えない自分を感じていました。もやもやして自分の気持ちを捉えきれないし、こんなこと言って良いのだろうかという思いで逡巡して、とても窮屈で不自由な時間でした。他のスタッフの発言は自身の生き方や、生きてきた歴史を振り返りながら新たに得た体験を振り返るものであり、どうしてそんなことができるのだろうという思いを感じていました。

子どもとの具体的触れ合いを話しているうちに、自然の流れとして自分自身と向き合うことになっていった。

SM：重かったですね。多分、一人だったら、あそこまで考えられなかったと思うのです。あの合宿はあの場所から逃げられないので、考えざるを得ない状況に追い込まれ、考えたのだろうと思います。

雰囲気は相当に重いこともあったが、その一方、発言する・しないは一人一人のスタッフに委ねられていた。だから、重い雰囲気ゆえに、誰も発言しない「沈黙」の時間も結構長かった。子どもが小学校3年から参加したスタッフは、次のように記している。

SR：黙っていることも、発言することも私自身に任せられていたから、心に浮かぶ思いに正直に向き合おうと自分ではしていたつもりだが、発言はあまりしなかった。

SJ：とにかくミーティングに次ぐミーティングで、ものすごく長い時間を話し合いに注いでいた。その話し合いは、率直で、面目や常識ではなく、自分の内面に忠実であることが大切にされていたように思う。

さらに、そのような「沈黙」があったからこそ、他のスタッフの発言に思いを巡らしたり、自分でもいろいろ考えを巡らしたりすることができたともいえる。

SM：スタッフは皆、言葉も少なく、一生懸命その言葉を受け止めて、噛みしめて、自分のなかではこれはどういう意味だろうとか、私ならこういう時どう思っただろうかとか、どう言うだろうかとか、いっぱい考える時間もいただいたような気がします。
保障されていたのは、あんまり無理に言わされないことでした。やはり言わないことで自分を守る、というのもありますね。考えることもできるし、無理に分け入らないという配慮があったような気がします。ちょっとどうしようかなと思っていることでも言わずに帰る時もあるし、言ってしまう時もあるし。それも全部その人に任されていたように思います。そういう意味では、凄く守られていた。

とも述べている。

このような雰囲気のなかで、スタッフは自分自身の内面に向き合いながら、子どもの気持ちを理解すること、つまり「やりたいこと」を実現するには、どのようなスタッフとしての関わりが求められるのかについて吟味する力を培っていったのである。

また、キャンプ中の夜中のミーティングでは、その日の子どもの具体的行動をもとに話し合われた。

SD男：一人一人の子どもについて、細かく一日の出来事を振り返った。安全管理はもちろん、具体的なその日の振り返り、特に他の子どもやスタッフとのやりとりの振り返りを通して、その子どもの細かな気持ちやささやかな意思、希望をも大切にしようと真剣に話し合った。

(2) スタッフ自身の価値観の転換

このような子どもキャンプに向けた定例ミーティングや合宿を通して、スタッフはこれまでの家庭生活や社会生活において身につけてきた価値観、いわゆる「常識」が転換するという経験を多くの者が記し、語っている。

初回の子どもキャンプに参加した三人のスタッフは、それぞれ次のように記し、語っている。

SB：房総半島岩井での、春のキャンプのことでした。初日の夕食時、隣のW君から「お姉さん、お茶」と声をかけられ、自動的にお茶を汲んできて渡していました。夜のミーティングで、「なぜ、子どもにさせてあげなかったの？　汲んであげないことが、子ども自身の体験を広げることになったかもしれないのに…」と指摘された時、青天の霹靂のように驚きました。自分には思いもつかない選択肢だったからです。三人姉妹の長女として身につけてきた〝頼まれるとやってあげてしまう〟反応パターンは、子どもの育ちを妨害するかもしれないことに呆然としたのです。

SG：私のなかの「ちゃんとした家に生まれ、ちゃんと育ったのだからちゃんとしなきゃ」みたいな「しばり」は、その枠の中に居れば居心地良く安定していられるけれど、一度さまざまな考え方、価値観に触れた時には、自分自身のもつ枠組みの堅さ・捉われから苦しくなってきた。HRLの考え方、行動の仕方は、まさに私のそれまで培ってきた枠組みに揺さぶりをかけたともいえる。

SE：合宿の夜明け頃、半覚醒状態で「諺はもうない。諺はもうない」って、聞こえてきました。今まで親から与えられた見方ですとか、狭い意味での常識ですとか、諺的なもの、世間の見方ですね。何か私の中で解体するという、身体感覚からいっても、解体するという感じでした。身体感覚というのは深い次元ですよね。

このように、子どもキャンプに向けて、あるいはキャンプでの体験から、スタッフとしての在り方を吟味したことを思い返している。スタッフそれぞれが無意識のうちに身につけていた「常識」に徹底的に向き合い、程度の差はあるにしても「常識」からは開放されたスタッフとしてHRL活動に臨む基本姿勢を目指したのである。それはすなわち、子どもが主体であり、子どもを止めたり、叱ったり、怒ったりしないで、子どもがやりたいことを支える姿勢でもある。こうした吟味ゆえに、

SN：子ども理解のためのスタッフ・ミーティングでは、沈黙の意味や怒らないことも含めて、日常の時間とは異なるHRLの時空間として私のなかに大切に位置づけられていったように思う。

SS：HRLから多くを学んできましたが、それは過去のことではなく、今現在も学んでいるし、そしてそれは自分の中で生きているのだと改めて感じています。学んだことは知識や方法ではなく、何かあった時にどう考え、解決するかというプロセスが大事ということなのかも知れないとも思っています。

と、そこで学んだことの意味を記している。スタッフの多くはこのような学びを得て、現在それぞれの場で、仕事に、家庭生活にそれを活かしている。そしてそれぞれの許す範囲でHRL活動に参加し続けているのである。

（3）子どものいたずらによって気づくこと

キャンプでは、特に決められたスケジュールはなく、子どものやりたいことを実現することを第一に大切にしていた。それゆえ、命の危険のないよう、安全に対しては万全の配慮がなされてきた。たとえば、子どもが幼かった頃は、スタッフ一人に子ども二人といった担当を決めたり、子どもの川遊びの折、川幅一杯にロープのようにスタッフが並び、子どもが流されたらいつでも受け止められるようにしたりもした。そして、子どもの成長に伴って活動を拡大する可能性として考えられることは、どんなに大変なことでも事前に必ず下見をする等、事前の準備を十全に行うようにしてきた。

そのような配慮のもと、子どもたちは思い思いの遊びを繰り広げ、それぞれ自分の遊びを満喫していた。そして、やりたいことを思い切りやっているなかでは、それがいたずらや悪ふざけに発展することもあった。たとえば、女性スタッフの後から、首筋にカブトムシを押しつけて、突然のことに恐怖の余り泣き崩れてしまうのを面白がったり、新人スタッフに対して闇鍋（食べられはするが実にいろいろなものが入っている）を食べるように迫ったり、布団蒸しにしたりもした。

SC：朝食時、今日は何日か、ということから、ちょうどその日が私の誕生日であることが分かり、私の「誕生祝い」と言って、男の子たち数人が束になって「裸にしようぜ」と、私に襲いかかってきたのです。小学校1、2年とはいえ、数人がかりですからとても抵抗できるものではありません。次第に遊びとは思えない攻撃になっていきました。私も必死でした。遊びで終わらせることができなかった自分の関わりのまずさに焦りを感じ、皆の前で醜態をさらしてしまうのではないか、この場をどう収めようか、取り繕うかという思いでいっぱいだったと思います。

SK：キャンプ初日の夜、子どもたちがスペシャルドリンクを作った。麦茶の中に醤油やマヨネーズやソースなどいろいろ入れて最後にはスイカのエキスと種まで入れたような代物。子どもたちはその年初めて参加したスタッフの私に対して「飲め！」と言った。私は「飲みたくない！」と思った。子どもたちの「飲め！」の攻撃連呼に、私はとうとう「こんなの飲むんだったら帰る！」と言ってしまった。すると、スタッフのSFさんがものすごく自然な口調で「どんなかなー」と言って、一口飲んだ。それで私も飲んでみた。その味は今も口の中に残っている。また飲みたいとは思えないが決して飲めないものでもない、ギリギリの味だった。飲んだことで、その場の緊張した空気がようやく和らいだ。

SF：新人が受けるお試しも、丸岩から川に飛び込めと命令されたりしたが、一人丸岩で膝を抱え込んでいる子どもに寄り添い、その子どもを置いて飛び込む等の遊びに耽る気持ちにはなれず、誘いを無視した。こういう時の子どもたちは、私たちにとって暴力と思うほどのエネルギーで要求してくるし、スタッフも身体を張って受け止めなければならない感じだったので、大変だった。

このような悪ふざけやいたずらの類に直面する時、大人の力で押さえ込んで止めさせるのは簡単かもしれない。しかし、そうではない対応は、それぞれのスタッフにとって極限状態とでもいうような、全力を振り絞って対応しなければならないものだった。そして、後になって振り返る時、その時自分は何を感じていたのか、どうしてそのような対応をしたのか、どうすればよりよい対応になったのか等、何度も何度も繰り返し考えさせられたし、長い年月のなかで同じような意味をもつ経験に出会って、ようやくその本当の意味が了解されたり、新たな対応に思い至ったりした。

こうしたスタッフの省察の繰り返しに支えられて、子どもたちはやりたいことをやりたいようにやり、伸び伸びとキャンプ生活を過ごしていた。

SD男：子どもたちと実によく遊んだ、という実感である。長寿園で、裏山で、川で、校庭で、文字通り朝から晩まで。下手すると早朝の日の出から夜中まで。定食のように用意されて与えられる遊びや活動ではなく、手作りの活動であり、参加者の内発性・自発性が中心となる遊びだった。子どもたちは、一日中何もしたくなければ、何もしないでよかった。漫然と布団の上でごろごろしていられた。マンガを読んでいるだけでもよかった。遊びが生活であり、生活が遊びであった。

SD男：子ども自らが始める活動を大事にする。そのためには、世間的常識を一次保留することも、必要に応じて可能な限り行う。子どもの行動の意味は、外部の既存の物差しで判断されるのではなく、そこでの活きた関係を通して吟味される。子どもの行動は、いつも具体的関係性のなかで検討される。

このようなスタッフの姿勢によって、中里村という東京にはない自然に恵まれた環境のなかで子どもたちが日夜発散するエネルギーの量は実に莫大だった。

（4） 生涯発達として長い目で見る

スタッフは子どもに対して叱ったり、怒ったりしないことから、すでに子どもたちのエピソードで述べたように、子どもキャンプは、やりたいことが存分にでき、「楽園だった」「別天地だった」と子どもたちは振り返っている。はたして、このようなキャンプを経験した子どもたちは、長じてどのような大人へと成長・発達を遂げていったのだろうか。彼らの成長した姿は、スタッフたちにとってまさに大きな驚きであり、それは人間の生涯発達における子ども時代の意味を考えさせられるものであった。また、そうした生涯発達は、子どもに限定されたものでなく、スタッフ自身の生涯発達の過程においても気づかされ、実感したものであった。

SB：子どもたちは小学校1年生。初めての中里村でのキャンプです。A夫は、手のひらほどの大きな蛙を竹の棒に串刺しにして、女の子たちを追いかけていました。それを見て、私は「止めなさい…！」と、ヒステリックに怒鳴りつけていたのだと思います。夜のミーティングでそのことが取り上げられました。でも、「あんなに残酷なことをしているのに、何で怒ってはだめなの？」と、いまひとつ腑に落ちていかないものを抱えていました。たまたま十数年後に参加したキャンプで、獣医師になった

A夫が、「昔、動物をいじめていたので、今は助ける仕事をしています」と、自己紹介するのを聞いた時に、初めて「あぁそういうことだったのか！　生かすためには殺すことも必要だったのだ」とストーンと胸に落ちたのでした。長く広く深い眼差しで、目の前の子どもの行動の意味を捉えていくことが、とても大切だと思い知った忘れられない出来事です。

SM：子どもの時の二、三年はきちんとルールが守れても、後でルールを守れない大人になるよりは、ちゃんと自分のなかで、自己コントロールできる力をつけたほうがいいという、そういうことだろうと思います。それは本当に時間がかかることで、子どももあるいはスタッフとして関わった人が一つひとつ年を重ねて、かつての子どもたちが今度中堅になってという世代交代のなかで、初めて見えてくることだろうと思いますね。

確かに、相談室の子どもたちをいじめていた子どもたちが、中学生になり、自然な形で関わるようになっていったし、布団蒸しも「空気穴を確保せよ！」等と危険を避けたり、あるところでサッと引いたりするようになっていった。子どもたちは、大人（スタッフ）に強制されないなかで、自分たちで経験を重ねて加減を知り、やっていいことの限界をわきまえるようになっていった。

SJ：HRLの子どもたちは、小さい頃は将来いったいどうなるのかと心配するような個性あふれる人たちでしたが、彼らは素晴らしい大人になって、社会のなかで自分の役割を立派に果たしています。スタッフも同様で、それぞれのスタッフがそれぞれの置かれた場で成長を遂げています。HRLの長いおつき合いのなかで、それが実感できています。子どもも大人も、長い時間でみると確実に成長していくということの確信、人への絶大な信頼感のようなものを、HRLに参加し続けてきていただいたように感じています。

と、子どもとスタッフそれぞれの成長ぶりを、実感すると記している。

また、SFは、

SF：HRLキャンプに参加した子どもたちの生き方は、私の想像の範囲を超えており、人生に対する創造性に満ちている。「HRL体験」は、子どもの成長にとってとても意味のある、人生の基盤を作る体験になっていた、ということを、子どもたちの生き方は証明してくれているし、それは驚くべき程である、と、私自身、身をもって感じている。

と、大きな驚きを隠さない。

人間の成長は時間がかかるものであり、直線的に進むものでもない。スタッフの手記や語りを通して、紆余曲折はありながら、子ども時代の具体的な主体的行動を支えたことによって、子どもとスタッフとの関係が結ばれ、その関係が積み重ねられて子どもとスタッフとの関係性が醸し出されていく。さらにその関係性が長期にわたり維持・深化されたことによって、子どもがどのように変容して大人となっていったか、その過程を含めて確かに見ることができる。だからこそ、子ども時代の主体的な行動を支えること、発達を長い目で見ることの大切さを実感するのである。

(5) 子どもと大人との関係を吟味する

一般的な子どもを対象としたキャンプは、年長者の大人が年少者である子どもの上に立ち、指導する者と指導される者という関係で行われるものが多い。ところが、HRL活動の一環としての子どもキャンプでは、これまでも述べてきたように、子どもとスタッフが共同生活者として共に生き、スタッフは子どものやりたいことを実現できるよう支えることを大切にしていた。そこでの子どもとスタッフとの関係は、上下関係ではなく、人間対人間として対等な立場であることを基本としている。そうした対等な人間同士としての子どもと大人との関係の在り方について、スタッフはどのように振り返っているのだろうか。

SJ：思い返すとさまざまな子どもたちの姿が思い浮かんでくるが、スタッフはどのような子どもたちの姿に対しても誠実に対応していたと思う。

また当時、最も若かったSAは、何日もL子に寄り添っていたが、他の子どもとも触れ合いたい、他の活動にも参加したいと思いながら動けずにいた。そして思い余ってベテランの幼稚園教諭のスタッフに相談して、「目から鱗の落ちる」経験をしたという。アドバイスに従って、何日も寄り添っていたL子に「別の活動にも参加してみたい」と率直に伝えたところ、すんなり受け入れられたというのだ。それは「相手（子ども）の気持ちを配慮すると同時に、自分の気持ちを表現することも大切である」ということ、そして、「ただただ寄り添うだけでなく、さまざまな関わり方があり、それぞれが子どもたちにとって意味ある関わり方なのだ」ということを学んだと。それは、彼女にとって、子ども（人）と向き合う姿勢の大きな転機となったという。

ここで、次のようなスタッフの言葉の意味を考えてみよう。

SL：相手・子どもの気持ちを理解するには、自分がどうであったかの理解が欠かせないということは、HRLを続けてきたなかで徐々にわかってきたことの一つです。

SB：相手だけの問題にしがちなことでも、実際は、生身の自分の心の動きや、表情と響き合っていることに気づかされたのです。

SO：子どもに向かう時、子どもに対しての自分の感じ方や捉え方は、「自分がそう感じた」ことであって、絶対的なものではない。自分のもっている枠組みを意識化し、吟味することの大切さを思った。

これらの言葉の背景には、人との関係は、常に相手と自分自身が響き合って醸し出され、一方通行で成り立つものではない、ということを具体的なエピソードを体験し吟味してきたことによる深い理解であると思われる。そうした理解とともに、

SD男：実際の子どもたちとのやりとりは、子どもと大人という年齢差によらず、また、スタッフと参加児という立場の違いによらず、人間同士のリアルなものだった。

HRLでは、まさに子どもと大人との共同生活において、大人は子どもに全力で向き合い対峙したことで、子どもと響き合う関係が生まれていった。そしてその関係の積み重ねから、子どもも大人も共に成長する関係性が創出されていったともいえよう。

そして、HRL活動は「目的がないことが目的のようなもの」「結論がないところが結論である」という、古澤の一見わけの分からないような言葉通り、

SA：一つの目的、結論ばかりを重視した活動からはそれ以上のことは生まれてこないのに対して、目的や結論を気にしないからこそ自由に行動することができ、思わぬ発見や意外な結果が待っている。一見無駄や、回り道にみえることのなかにこそ、力強い個を育てる肥やしとなるものがあり、そういう機会をHRLは与えてくれたと感じています。

HRLには、子どもにも大人にも互いの関係性を通した成長が豊かに内包されていたといえるので

はないだろうか。

2　母親にとって

これまで述べてきた二つの縦断研究は、古澤が「母子関係と子どもの発達・人間の心の成長を、長い目で見たい」と考え、都内A病院とN病院で、第一子の出産を予定している母親に協力を呼びかけ、母親が承諾したことから始まった。

ここでは、折々の母親の手記と語りから、（1）子どもの乳幼児期における母親のHRLとの関わり、（2）母親グループでの学び、（3）初めての子どもキャンプと、（4）その後の子どもキャンプについての母親の受け止め、および（5）子どもが成人してからの母親の振り返り、をみていこう。

（1）縦断研究との出会いと乳幼児期の関わり

出産二、三か月前には、その時期での母親の気持ちについて個別の面接を行った。出産後子どもが3歳になるまで、Sグループは定期的に行われた保健指導の機会に、子どもの成長の様子を中心に古澤が聞き取りを行い、Jグループでは定期的にスタッフが家庭訪問を行った。この聞き取りや家庭訪問は、母親が古澤やスタッフに子育ての悩みを訴えたり、助言を求めたりする場にもなっていった。研究への協力の動機、さらには面接や家庭訪問でスタッフと触れ合うなかでの心境について母親たちは次のように述べている。

Sグループの母親は、

MK夫：理想の子育てをしたいと最高と思うA病院を選び、そこで古澤先生にお会いでき、産まれてくる子どもの将来も明るく、宝くじに当選した気持ちでした。

MG子：両親は多忙で頼れず、夫は会社人間だったので、一人での子育ては、肉体的にも大変だった。HRLとの出会いは、頼れる相手が現れたという思いだった。若くて世間のことは何も知らなかった私に、子どもに向き合ってくださる古澤先生やスタッフの方たちがいてくださったことで、なにか救われたような気持になりました。

と記述している。

Jグループの母親は、

Mc子：最初から「え、面白そうじゃない？」って、それをすることによって私が何を得られるかとか、そういうことは一切考えない。ただ何か面白そうね、と。

Ｍg子：生まれてくる我が子を一生「教え育む」ことに不安を感じていた私は、少しでも子育ての指針になればと好奇心に拍車がかかり、参加させていただくことになりました。

Ｍb子：あの日、母親学級に出席していた私は、母になる喜びと同時に出産後は、仕事も辞めて育児に専念すべく決心していたが、社会と隔絶されてしまうような言い知れぬ不安が交錯していたのだった。母親学級終了後、古澤先生が来られ、研究参加者を募集していると聞き、その場で参加を決めていたように思い出す。違う世界が開けるかもしれないと、光の差す思いだった。

Ｍj夫：ＨＲＬとの初めての出会いは、Ｎ病院の母親学級でした。当時、私は妊娠三か月で手術を受けるという経験をし、手術は無事に済んだものの、ちゃんと出産を迎えられるかどうか、不安を抱いていたといえます。その意味で、最初の母親学級でＨＲＬへの参加のお誘いを受けたときには、その趣旨に賛同したとともに、これから経験する未知の出産、育児という大事業に対し、少しでも心の支えを求めていたようにも思えます。無事に出産を終えた私は、出産の記録を撮りにみえた古澤先生を前に、涙が止まらなかったのを今でもはっきり覚えています。

等と記している。

このように、協力を決めた理由は実にさまざまであったが、面接や家庭訪問を繰り返し受けているなかで、母親自身が精神的な支えを感じたり、子どもの成長を確認できたり、社会との繋がりを感じたりできていたようだ。特に家庭訪問は、乳児の世話で家に籠もらざるを得ない母親たちにとって「楽しみだった」という人が多い。

Mk夫：発達状況で不安に思った時、相談にのっていただき、今思うと、いろんな相談をできる相手に恵まれたことをとても幸せに思います。

Ma子：初めての子ども、母乳が出ず、夜泣きも酷く、何かにつけて落ち込んだり、感情的になったり、私が人と関わることが苦手でしたので、視野が狭く、不器用な子育てでした。家庭訪問の時に、愚痴をこぼしたり、相談できたことは本当によかったと思っています。子どもが普通に成長していると感じることができ、安心でした。

Mj夫：定期的なHRLのスタッフの来訪時にも、その間の子どもの様子を細かく記録しておき、いろいろな問題について相談をもちかけていたような記憶があります。その都度、スタッフの方々は時間を忘れて、誠心誠意私の話を聞いてくださっていたのですが、決して断定的な回答をなさらずに、すべてを受け止めるような姿勢が強く印象に残っています。このことは、日々の子育てでさまざまな問題や疑問に遭遇していた当時の私にとっては、多少なりとも歯がゆい思いを抱いていたことも否めません。

家庭訪問では、スタッフは、母親の話を丁寧に聴き、不安に寄り添っていたことが分かる。しかし、子育てに対して、「こうすべき」というような指導はしていない。それは母親にとって、時に歯がゆく感じる場合もあっただろうが、聞き役に徹することで、母親が自分らしい子育てを見つけ出していく歩みに同行していたともいえよう。

(2) 母親グループでの学び合い

古澤は、Sグループの子どもたちが2歳を過ぎた頃から、母親を介して子どもたちについて知るのではなく、直接子どもたちに触れる機会をもつことができないかと考えるようになり、3歳から定期的な「子どもグループ」を始めた。子どもグループが行われている間、古澤は別室で待っている母親たちとも話し合いの会「母親グループ」をもつようになった。

古澤はHRLの通信『創生』(№13、1975年7月)で、「自分一人だけが知ったり、出会ったりすることはとても狭い範囲のことに過ぎません。みんなで話し合い、聞き合いながら、自分ではとうてい気づくことのできなかったものの見方や考え方に触れる機会として、この集まりをご利用になってはいかがですか」と母親グループへの参加を呼びかけた。

母親グループについて、

MS子：母親になった自覚も強まり、育児をしているお母さん方と接し、心の触れ合いを願って参加するようになりました。子どもがプレイルームに入っている時間は、お母さんの勉強会をもってくださったり、子どもの様子をビデオで見せていただきながら話し合いをもったり、とても新鮮なことに出会い、会に参加することを楽しみに通いました。古澤先生は言葉での指導はあまりなさいませんでしたが、聞き上手でいらっしゃって、私などは無邪気に些細な出来事も話していたように思います。今思えば聞いて受け止めてくださった先生、お母さん方がいらっしゃったので、自分なりの子育ての道をさぐりながら道幅を少しずつ広げていき、子どもと一緒に成長していこうとする親の姿勢を学んだように思います。

MD子は、当時、D子の手を引いて、2歳年下の妹を抱え、一時間半もかけてグループに参加するためN女子大に通っていた。

MD子：よくお話なさるお母様のことを伺っているだけで、同じだなって思うことやら、違うことがあったり、人はいろいろだなっていうことを学ばせていただいた。

会で一番思ったのが、話題がなくなって誰もお話にならなくなって沈黙っていう苦しくなるような時間があるんですね。それで、お別れするときには、何も役に立つようなことが今日はなかったわ、って思うような時もあるんです。その黙っている時間、沈黙が、すごく大事だって古澤先生がおっしゃって。それがすごく印象に残っています。

キャンプが始まるまでの間に女子大に通っていた、あの間に信頼関係ができたんだと思いますね。結論はないけど、何か大丈夫じゃないかっていう気はしました。

と語っている。

母親グループでは、古澤は具体的な指導をすることもなく、あくまで母親たちの話の聞き役だった。スタッフ・ミーティング同様、誰も発言しない沈黙の時間が続くこともあった。「今日の会は何だったのか」と感じるようなこともあったが、母親たちは、自分と同じように、悩んだり、困ったり、驚いたり、喜んだりして初めての子育てをしていることを、互いに認め合い、学び合う場であった。さらに、このような関わりを続けるなかで、HRLへの信頼感が培われていったようである。

古澤は、『創生』（№2、1970年7月）で、

子ども時代の目ざましい変わりように比べて、大人は年老いていくのを拒むかのように変化しにくくなります。大人になると、自分の向上を求めるよりは現状を是認することを求める気持ちが強くなっていくように考えられます。常に、変化していくこと、現状の自分に甘んじる大人からの脱皮があって、はじめて子どもによりよい影響をあたえる源泉が生まれるのではないでしょうか。

と母親たちに語りかけた。

(3) 初めての子どもキャンプをどのように受け止めたのか

古澤は、軽井沢で行われる初めてのSグループの子どもキャンプについて、『創生』(No.6、1971年7月)で次のように述べている。

子どものキャンプということを考えてみたとき、一般的な意味では生活の過ごし方ということが問題になりがちです。そして、このようなところに力点をおくならば、キャンプを狭い意味での自立、つまりは生活習慣確立の場として考えたり、あるいは、規則を守れる人間になるための場として捉えることになるのではないかと思います。

ところで、私は少し違った角度からキャンプということを考えています。と申しますのは、今度のように子どもが親から離れて生活するということは、まだ年齢の小さい子ども自身にとっては大変なことだと思います。「何か今までとは違ったことが起こるな」という予想は知らず知らずのうちに子どもを(親をも)不安にしていくことにつながっています。

従って、キャンプと耳にすることを通して子どもの心の中に起こる期待と同居する未知への不安に対する大人なりの配慮がキャンプ以前の生活の中でなされていかなければ、キャンプ生活それ自体が子どもの心を開き、おおらかな気持の中で自然を受け入れる気持にはなっていかないと考えます。

そこで捉えられるキャンプは、決して生活のあり方ということではなく、むしろ子どもの心を取り巻く大人たちの気持がいかに未知への不安を感じている子どもの心を気持よく包んであげることができるかということにかかっているのではないでしょうか。もう少し抽象的に表現してみれば、人間的な繋がりの本質に迫れれば迫れる程、参加する人たち全員によりよい意味をもってくると考えられるわけで、そこから協同ということの意味を感じとることができるのだと思います。

そこでまず、Sグループの母親たちが、軽井沢での初めての子どもキャンプをどのように受け止めたのか、キャンプ後に発行された『創生』(No.7・8、1971年10月)の記述からみていこう。

①家に帰ってからのこの甘え振り⁉︎

MB夫:「ねえおかあさん、ごはんの歌って変な歌だね、僕あの歌嫌いだから行かないよ」と言った時には、一寸困ったな、と思った。でも、そのうち変わって来るだろうと、それ程心配していなかった。だからその前の準備として、担当の方と一緒に遊ぶ機会を二度までも設けていただいたことは、むしろ意外な感をもった。そして今度のキャンプの目的がむしろその心の準備の方に重点が置かれていたことを知った時は、ただ一般的なサマーキャンプという形で受け止めていた私の気持と全く異なる視点があったことに気づき、感じ入ったのである。それにしても帰宅してからのこの甘え振りはどうだろう。二日程は赤ちゃん言葉でべったりだったし、もう一か月にもなるのに、幼稚園へ行けばいつまでも手を振っているし、迎えに行けば飛びついて来て離れない。もしごく普通のキャンプのつもりで、大人になって帰ってくるだろう、何か進歩したに違いないと期待をもって迎えたら、この退歩とも見える現象に、きっと今頃情けなくてイライラ過ごしていたのではないだろうか。事前にキャンプとは何か伺っておいて本当によかった。もしかしたら、普段の私の子どもへの接し方に甘さが足りないのがこんな形で現れたのかしら。専門の先生方が「親がはっきりした態度を持っていなければいけない、親が迷えば子どもも迷います」等と言われるのを聞いて内心共鳴していたのだけれど、あれはやさしいママへの言葉で、私にはその逆のことが必要なのかしら、等と思ってみる。

母親は、キャンプのなかで、徐々に自分を発揮し楽しんでいる子どもの姿を、直接見ることはできていないだけに、帰宅してから現れた退行的な行動は驚きをもって受け止められた。しかし、このキャンプで重視していることについての事前の説明があったため、子どもキャンプの意味を実感するとともに、自分自身の子どもとの関わりを顧みることに繋がっている。

B夫は、幼稚園に入園してから皆と馴染んで上手くやっていけるだろうかと、母親が心配したほど、引っ込み思案だった。HRLの子どもグループでも、しばらくの間プレイルームの入り口に立ち止まり、他の子どもたちの様子を眺めてから、スタッフに支えられて、ようやくゆっくりと入室していた。幼稚園で友だちとよく遊ぶようになったのは年長組になってからであり、キャンプ後、再び友だちと遊ぶようになるのに二か月程かかった。このように、子どもキャンプは、この母子にとって衝撃的な経験であったといえよう。

②楽しかった！　また行きたい！

MD子：「楽しかった！　また行きたい！」の一言で参加させてよかったとつくづくと思った。この計画を伺った時は、ただ盛沢山な行事で子どもを退屈させずに楽しく過ごさせていただく程度にしか考えていなかったが、当日が近づくにつれ、さらに終わってから一層強く、スタッフの方々が子どもの心を何の不安も、淋しさも、悲しさも感じさせない程つかんでくださったことに大きな驚きと感謝をおぼえた。同時に具体的にはどのように努力なさったのか伺いたいと思う。今日までおつき合は長いとはいえ、24時間4日間も子どもを委ねる側と、反対に全責任をもって預かってくださる側とのあいだに生れ育った信頼の気配を、子どもは感じとっていたのだと思う。幼児が他人のなかで、安定した感情で生活した体験は、すぐ目に見える現象となって出てはこないが、心の成長に何らかのよい役立ちがあると確信し、それが何であるかわかる日を楽しみにしている。

MO子：確かに、子どもにとってキャンプはいろいろな意味で大事件なのでしょう。出かける数日前まで「やっぱり行く」「行かない」を繰り返し、そのあげく「なぜキャンプに行かなければならないの」の質問でした。帰りたくなったらどうするか、それが一番心配のようでした。ところが帰りのバスから降りた第一声が「またキャンプ行きたい！」でした。20人足らずの子どもたちを楽しませるために、10数人の先生方の度重なるミーティングと綿密な計画に、言いようのない暖かさを感じます。そして多分、今回のキャンプの目的であったと思われるスタッフと子どもたち、そして、それを通しての親たちとのヒューマンリレーションは、自然に、見事に、なし得られたと確信しています。

これら二つの手記のなかの子どもたちは、活発に動き回る子どもたちをじっと眺めているようなおとなしい女の子たちであった。しかし、母親の顔を見るなり第一声は「楽しかった!」であった。あらかじめ古澤からキャンプの趣旨が伝えられていたこともあるが、子どもがキャンプを楽しんだ背景には、初めて親元を離れて過ごす不安を感じている子どもの心にスタッフたちがしっかりと寄り添っていたことを、母親たちは感じとっている。さらに、母親たちがスタッフに信頼を寄せていることが子どもたちに伝わり、安心してキャンプを楽しめたのだとも考えている。そして、この経験が将来の子どもの心の成長にとって何らかの意味があることも予感している。

③家庭生活と子どもキャンプでの生活

MS子：家庭から離れ、受け入れ態勢のいい先生方に見守られて、伸び伸びと自分の思うままに、行動した感じがします。家庭から行ったのであれば、あれほど自分の行動、意思を素直には出せず、親の方も親の勝手から規制することがしばしばあったことと思います。一番嬉しかったことは、何でもキャンプのことを自分から進んで話して聞かせてくれたことです。また家庭の方も本人がいないため、何となくいつもと違う空気があり、弟たちも姉がいる時のように遊びが発展しませんでした。本人が軽井沢に行ったことによって親子愛、姉弟愛をとても感じ、家庭の大切さも身に染みて感じさせられました。

ＭＫ夫：いざ出発する日の朝は、食事も落ち着いて食べられないほど、楽しみにして出かけた子どもでしたので、さぞ喜び勇んで帰宅するものと思っておりましたら、まるで日頃、幼稚園から帰って来る時と変わらないように、あっさり「ただいま」と帰ってきましたのは意外でした。どうだったという問いに対しては、「軽井沢が一番良かった」と言いますので、安心いたしました。現在の都会の生活では、いつも車に気をつけてとうるさく注意をあたえ、またいつも目の届くところで親たちの干渉が多すぎるようです。子ども同士の喧嘩さえも思うようにできません。せめてこのキャンプでは自然のなかで子どもたちを伸び伸びと遊ばせてほしいと願いました。日に何度となくアルプス一万尺と大声で歌ったり、先生方の名前を呼んでみたり、楽しかったキャンプでの様子が窺えました。「もう僕はずっと軽井沢に住みたいな。引っ越して」という言葉を聞きますと、私たちが幼い頃には毎日、野や山でのんびり遊んでいたことが思い出され、今の子どもたちの生活のあり方を考えさせられました。お友だちやキャンプでの生活はあまり話さず、先生のことばかり言いますので、キャンプ前に古澤先生が『創生』に書かれた「共に生きることを目指して」という言葉をもう一度じっくりかみしめて、私も原点に返ってみたいと思いました。今までは親の一方通行になりがちだったことを反省し、いろいろと考えさせられる毎日です。

この二つの手記には、家庭では親が何かと規制してしまうことや親の干渉が多過ぎると、記されている。家に帰ってからの子どもの言葉や行動から、子どもたちはキャンプで、伸び伸びと自分の思いのままに楽しむことができたことを推測している。さらには、子どものやりたいことを支えるスタッフの姿は、親から子どもへの一方的関わりになっていることを振り返り、子育ての原点に返ってみたいという思いを促している。このように、キャンプでの子どもの経験は、図3（51ページ）に示されているように、日常の親子関係への影響をも同時に含んでいるといえよう。子どもが家庭から離れた所で得た体験を親がどのように受け止めるかにより、日頃の自分の子どもとの関わりを見直していく姿勢に繋がっているとみることができる。

次にJグループの初めての子どもキャンプについて、子どもが30歳代になってからの母親の語りをみてみよう。

④キャンプに出かける前の大泣き

Ma子：キャンプに行く前一晩中、泣きました。責任感の強い子だから行かなくてはいけないと思っているので「行きたくなければ断るよ」と言っても、涙が出てきて止まりません。混乱して、わけが分からなくなっているので、「朝になって行けるようだったら、行こう」ということにしたのですが、泣き止まず寝ませんでした。そのまま電車に乗って集合場所の上野駅に向かいましたが、車中は爆睡でした。古澤先生にわけを話したら、「大丈夫です」ということで、a子は電車に乗りました。とても心配したのですが、キャンプを楽しんで、石や作ったものをリュックにつめて帰ってきました。子どもは長じてから、同じように相当に大泣きしていたg子さんと、「何であんなに泣いたのだろう。家より全然、楽しいのに、馬鹿だね、私たち」、と話したそうです。

Mg子：キャンプに出かける時、泣きながら母親と別れる寂しさを訴える娘の涙を見た時、このキャンプに参加させて良かったのか、また娘が母親離れしていない、それがイコール母親の接し方の悪さだと思い込んでいたりもしました。娘を送り出した後、泣く娘を愛おしいと感じたり、娘の帰宅後の言葉かけや接し方に悩んだりと、子どもの目線ではなく、母親の目線でしか見られていませんでした。

この二人の母親の語りや記述からは、親と離れて生活する心細さや不安と、キャンプに行きたい気持ちがせめぎ合い、大泣きをしている子どもを前に、キャンプに行かせたものかどうか、母親自身も大いに揺れ、葛藤したことが分かる。

⑤安心して子どもをキャンプに送り出せた

年齢的にはまだまだ幼くはあったが、母親たちとそれまでのＨＲＬスタッフとの関わりから、安心して子どもをキャンプに送り出せたという母親もいた。

Mj夫：それまでに築かれていたスタッフとの信頼関係のためか、全く嫌がることもなく、子どもはすんなりと初めてのキャンプに参加していきました。キャンプを終えて帰宅してからも、採取してきたカブトムシの世話や、断片的なキャンプの話に、その興奮が何日も続き、何が子どもの心をそんなにも惹きつけていたのか不思議に思う日々でありました。何らルールを設けずに、「子どもならではの自由が発揮できる人間関係体験の場」の実現がいかに大変な作業であったか想像されるところですが、このことが子どもにとって自分自身を発揮することのできる重要な場となっていったのがひしひしと感じ取れるものでした。

と記している。その後何年間か、j夫の家では、中里で採取してきたカブトムシを飼育し、産卵させ、50匹も飼っていたという。

Me夫：当時の息子にはまだおねしょの心配が付きまとい、最初は一人でキャンプに送り出すことに大きな不安がありました。しかし、事前にスタッフの先生方のお話を伺い、このキャンプならたとえおねしょをしたとしても、息子がそこで萎縮するようなことはない、と信頼してお願いすることにしました。はたして帰ってきた息子の満足そうな顔、キャンプに参加させてよかった、と思いました。カブトムシやクワガタの戦利品を携えて嬉々としている子どもたちの横で、疲労困憊のご様子のスタッフの皆さまには、申し訳なさでいっぱいになりました。

以上のように、初めて親元を離れて子どもキャンプで過ごすことは、子どもにとっては無論のこと、母親にとっても大きな出来事であったことが分かる。そして、母親は、キャンプ前とキャンプ後の子どもの姿から、日頃の自分の子育てを振り返っており、子どもキャンプは子どもにとってばかりでなく、母親にとっても影響を及ぼしたことが読み取れる。

(4)母親から見た子どもキャンプやHRLとの関わりの意味

キャンプでは、制約の多い都会の家庭生活とは異なり、豊かな自然、子ども同士や年齢幅の広いスタッフたちとの触れ合いのなかで、子どもたちは「自由」を満喫した。また、長期にわたるHRLとの関わりのなかでの経験も他には得がたいものであった。それはSグループでもJグループでも共通していた。その様子を母親たちの記述と語りからみていく。

①自由な子どもキャンプ

Md夫：自由なキャンプで子どもにとって子ども同士、スタッフの方々との交流は大変楽しかったようです。都会のなかで育っているので、山や河、自然のなかでの生活は貴重だったと思います。

Mg子：少し大きくなると嬉々とした表情で出かけ、満面の笑みを浮かべて帰ってくるようになり、赤ちゃん返りすることもなくなったのは、規制の多い生活のなか、キャンプでは子どもの思考や心を自由に発揮・発散できた満足な子ども天国だったからなのでしょう。

MG子：解放された気分になれたのではないかと思います。家庭では厳しいしつけを受けたと、本人が言っていました。スタッフの方たちが、娘のやりたいようにさせてくださっていたので、伸び伸びと楽しかったようです。

MK夫：家庭では、お兄ちゃんだから、「しっかりして」とつい言ってしまうので、HRLでは子どもは自由に、伸び伸びと楽しい経験ができました。

Mj夫：全くルールのない生活で自由だったということで、いつ何をしてもよくて自分の好きなことができて、スタッフが子どものペースに合わせてつきあってくれて、何かそういうので凄い楽しいというのは今でもすごく記憶に残ってます。

Mg子：出生時からの関わりの絆みたいな、娘の成長にとって貴重な経験だったと思います。家族のなかでのレールを敷かれた状況で、唯一「自由」に振る舞えたのですから。

このように、東京での家庭生活では決して経験することのできない「自由」、つまり自分の行動は自分で決めることができたこと、しかもそれをスタッフが認め、支えてくれる子どもキャンプの生活は、家庭に帰ってきた子どもの様子だけでなく、その後も子どもが話題とすること等から、母親たちも十分に理解できていたといえよう。

②人間関係や体験の広がり

Mc子：親の目だけでなく、プレイルームや中里キャンプで先生方やお兄さん、お姉さんと触れ合うことができ、親ではカバーしきれない世界を知る機会を得られた。

Mc子：やっぱり核家族だったりするとどうしても小さい世界でしか動けなくなるけれども、学校でもないし、幼稚園・保育園でもない所で、他の方たちと接することができる、っていうのは、もの凄くc子にとってはよかったんじゃないかなっていうふうに思っている。

Mb子：他ではできなかった経験、いろいろな年代の方たちとの出会いを通して、自分で考え、行動し、世界が広がったことは、これからの人生に有意義なことであったと思う。

Mi子：批判めいたこともアドバイスめいたことも一切ありませんでした。このことは、HRLが娘にとっては、すべてを受け入れ、受け止めていただける「解放区」、安心できる場所になり、母にとっては自分の子育てを少し距離をおいて見つめる機会になっていった大きな要因だと感じています。

Me夫：無邪気に喜んで参加していた幼児期・児童期はもとより、思春期のくじけそうな思いを抱えていた時にも、夏の中里キャンプが心の支えとなっていたことを知り、感謝の気持ちでいっぱいです。

MO子：娘は何でもよく話してくれましたので、HRLのキャンプ、集まり、全部に私も参加したように思えます。子育ての間、何か漠然としたバックボーンがあるような心強さを感じていました。

これまでを振り返ってみると、子どもキャンプに参加したスタッフたちの人数は実に多く、また多様であった。子どもたちにとってキャンプでは、家庭とも、園・学校とも異なり、年齢幅も背景も異なる多くの人々と関わることができる場であったともいえる。しかも、それらの人々は「HRLの基本姿勢」を共通基盤としてもち、子どもたちを受け止めることに努めていた。それが、子どもの「心の支え」になっていたり、漠然としたものであっても母親の子育ての「バックボーン」になっていたりしたと記述されている。あるがままを受け止めてもらえる体験は、子どもたちにとって貴重であったろうし、母親たちもそれに気づいていたと思われる。

Mj夫：その後、それぞれの進路や環境の変化で、以前のように関わる機会が減っていったのも仕方がないと思っておりましたが、この数年、SNSでの出会いから、子どもたちが再び関わる機会ができていることを知り、改めてHRLでの人間関係の深さを認識させられております。

MO子：（娘のHRLの仲間について）兄弟姉妹ではなく、学校の友だちでもなく、その都度、必要な相手に気楽に相談したり、されたり、だけどいつもはさらりとしていて、スタッフも含めて得難いものを得たと思います。

子ども時代にキャンプで寝食を共にし、自分らしさを発揮して過ごし、太い絆で結ばれた仲間たち。それが40歳代、50歳代になっても続いていることを母親たちも驚きをもってみているようだ。

(5) 子育てを通した母親の成長

研究協力を依頼したのは、核家族の第一子の出産を控えた母親たちであった。彼女たちは、初めて子育てしながら、子どもの成長とともに自分自身も成長してきた手応えを感じている。親は子どもによかれとの思いで、親の考えを押しつけてしまったり、周囲を気にして子どもの自由を制限してしまったりする。その時は必死で、そのことに気づけないのだが、子どもが20歳になった時の母親の手記には、反省や後悔の気持ちが綴られている。それは同時に、母親の成長を示しているともいえよう。

MB夫:今、振り返ればどうということのない事柄が、当時直面している時には、非常に重大問題として立ちはだかるのである。たとえば、人の目とか体裁などだ。本当はちっとも気にすることはない、子どもの自然の姿をそのまま見守ってやりたいと、内心は思っているにもかかわらず、考えているうちにだんだん消極的になって、悩んだ末、結局は子どもに「いけません」「だめよ」を繰り返すことになってくるのだ。人の目を気にし過ぎると、子どもにしわ寄せが行く。でも、まわりと対立するということは、大変に勇気のいることだ。私はもっと勇気をもちたかったと思う。

MG子：良い母親になろうと、随分と気負ってしまって、頭のよい子に育てるにはどうしたらよいかとか、創造力を養うには等、育児書を読んでは一人で頑張ってしまって、行儀のことや勉強のこと等、こうなってほしい、ああなってほしい、こうしてはだめと、今考えると恐ろしいほどに子どもに要求してしまった。そんな育て方をしていた私が手痛い衝撃を受けたのは娘が中学校1年の時でした。学校で男の子と喧嘩をして、このことは母親として大きな転機となりました。「子どもは自分で考えようとしている。親が先廻りし過ぎたりしてはいけない」という学年主任の忠告を、何の抵抗もなく守れるようになるまでに一年以上の心の葛藤を要しました。それからは私の気負いもとれて、子どもをありのまま受け入れることができるようになりました。

MO子：振り返ると身のちぢむ思いがいっぱいある。子どものいい芽をいっぱい摘んでしまったのではないか、自分の気持として、こういう子どもにしたいというので、ある芽を植えつけ一生懸命伸ばそうとした。でも、もしかするとその芽を伸ばすために他の芽を枯らしてしまったのではないか。特に初めての子の場合、こういうのがいい子とか、こういう子が好きとか親の希望とか夢とかが先に立って、子どもに無理強いをしてしまうようだ。それがこの子にとってもいいことだと、信じるおまけまでつけて。

親の好みをできるだけ抑えて見守ることができたらと思う。とても難しいと思う。反省しています。

HRLでは、母親とは、初めての出産の時からずっと関わってきた。子どもが成人した時に、子どもキャンプで子どもたちが経験した「自由」や、HRLでの多くの人々との関わりが継続してあったからこそ、母親としても気づけたことがあると多くの母親が綴っている。

Mi子：HRLは娘にとって大切な場であると共に、私にとっても、直接的、間接的に生活に関わりながら、自分の日常の子育てを見直し、自分を見つめ直すチャンスをいただける場でした。迷ったり立ち止まったりしている時に、慰めやゆとりを与えられました。それによって気持ちが楽になったことは何回もありました。ことばで解決を示唆されるのではなく、自分自身で落ち着いて考えようという方向に導いていただけたと思います。

MD子：長子であることは親にとって未知のことだらけで、暗中模索の状態の親にとって多くの指針となってありがたかった。子どもについてどの様に感じているかの質問に答えるHRLの枠組みがなければ、あまり考えないで過ぎていたと思う。人それぞれに考え方が違うことに面白さを味わったり、他者の意見に耳を傾けたりすることが、自分を成長させたと思われる。このことは親子の間でもいえることで、人間関係をいつも考えることができよかったと考えている。

Ｍg子：数々のＨＲＬを通しての体験から、徐々に母親である私に「教え込む」ことから「育んで教える」ことの大切さ、相手の目線で接することの大切さを学ばせていただいたと思います。そして子どもたちにとっての自由天国であったキャンプの様子を、20年経っても輝いた目で語っている娘に、私の心は和まされています。親の思い込みや価値観で子どもの前に立ちはだかっていた私が、子どもの成長に伴い、子どものありのままの姿を受け入れられるようになっていたのだと、約30年前に偶然にも出会うことができたＨＲＬには改めて深く感謝しております。

ＭＳ子：私はなるべく子どもの世界のなかに、むやみに入り込まないように心がけました。そのかわり子どもから私を必要として求めてくる時には一緒になって遊んだり、話したりして時間を過ごしました。年齢が上がるほどいろんなことに出会い、話をする機会が多くなりました。ある時は親と子が反対の立場で話を聞いてもらったり、考えが同じで意気投合して話がはずんだり、また、親の立場と娘の立場の話の食いちがいで長話になって夜中の2時頃まで笑ったり、泣いたり、結局は結論がでないまま今日は遅いから寝ましょうということで話が終わることもたびたびありました。娘とはたわいのない話のなかで、お互いに多少の時代のズレを感じながらも、分かり合える間柄でつき合っていきたいと思います。

長年にわたる縦断研究だからこそ、子どもたちの成長、そして母親たちの成長をみることができたのだろう。成長は子どもたちだけにみられるものではない。子どもに関わる大人たちも、自らの子どもへの関わりを自省するなかで成長している。母親たちの手記や語りからは、はっきりとそれが感じられる。人は生涯成長していくことができるのだ。

3　年を重ねた母子にとって

ここでは、第一世代の母親と生まれ育った家族から独立した子どもである第二世代との、個々の親子にとってのＨＲＬや子どもキャンプの意味について考えてみたい。取り上げるのは、Ｊグループの四組の母子である。ＨＲＬ活動の創始者古澤が２０１１年６月に亡くなり、同年９月にＳグループ・Ｊグループの母子二世代とスタッフが一堂に会して偲ぶ会が開かれた。そこでは、全員が古澤について、あるいは子どもキャンプについて、思い出を語った。さらにその後も、世代交代した第二世代スタッフが、母親と元子ども、すなわちメンバーの個別インタビューを続けている。ここでは、主に偲ぶ会でのそれぞれの言葉と個別インタビューの語りから眺めていくことにする。

(1)　15歳での親離れ・子離れ——d夫さん母子

一人っ子のｄ夫は、歩き始めるのが遅かったことから、２歳で心臓病等の病気のために保育園や幼稚園の保育を受けられない子どもたちのための小規模な自主保育グループに入り、その後、地域の私立幼稚園に通うようになった。母親はその後もそのグループでの保育の手伝いや障がい者のサポートを長いこと続けてきた。d夫は自主保育グループで仲良しだった友だちが、小学生で亡くなるという経験をし、ショックを受けたようだ。地域の幼小中学校時代には、幼稚園時代に仲良くなった近所の2歳上の男の子と「ニイニイ」「dべー」と呼び合う仲となって、学校が違っていても互いの家に泊まったりして家族ぐるみのつき合いをしていた。

高校から、d夫は、自身も見学をして考え、自分で決心して、小規模な全寮制の男子校に入学した。寮は東京郊外といっても、交通の便も悪く、近所には何もなく、コンビニまで歩いて50分もかかるというだけに、自然豊な山村という環境である。この環境は、中里村に似ているのではないかと推察される。お風呂も、ご飯も一緒という寮生活については、「中里みたいな感じじゃないかな、だから高校を決める時、中里の経験も心の中にあったのかもしれない」と、母親は思っている。ほとんど帰宅することはなく、夏休みには、帰省しない地方の友だちがd夫と一緒に実家の近くに泊まり込み、食事は実家で食べる、といった交流がある程度であったという。だから、母親は、「息子とは、15歳の春に別れたという感じですね」と語っている。

d夫が「ニイニイ」と慕った友だちとは、

Md夫：息子よりも、今だに私はその家族と仲良くしているし、その友だちはもう一人の息子のようで、「一緒に旅行に行きましょう」と誘ってくれる。

というように、d夫抜きでも交流が続いている。

一方、d夫は父親とはよく話しているようだ。高校の面談に父親は会社を休んでも行っており、三者面談の際に母親が行くと、「d夫君のお父さんは知ってるけど、お母さんはこういう方だったの」と受け止められている感じだったという。

古澤先生を偲ぶ会で、

d夫：迷ったらやってみよう、というのが中里の経験でした。今でもいろいろな所に行っていて、ユーゴスラビアの難民キャンプで生活したり、インドの震災ボランティアをしたり、今年（２０１１年）は南三陸のボランティアに行ったりしています。

d夫：古澤先生がしてくださったように、やっぱり、次の世代のために何かできたらなっていうのは残っています。

と語っている。こうした彼の行動には、子どもキャンプの経験や古澤の影響だけでなく、母親が心臓病等の子どもの保育や障がい者を支える姿を身近に見続けていたこともあるのだろう。

親子にとって15歳での親離れ・子離れであり、現在はお正月と母親の誕生日に、無理矢理に会う機会をもつ程度で、「元気で生きていてくれたらいい」というのが基本だと、母親は語る。だが、今でも息子の幼馴染みの友人家族との交流を通して、息子との繋がりを感じている。また、息子が楽しいと話した子どもキャンプの生活について、自然豊かな環境での「原体験」、自由で、しかも人との繋がりを小さい時にもつことは大切だ、と語っている。その後、母親は、HRLの活動の一つである古澤の墓参りと会食に参加し、50歳代となったSグループのメンバーたちやスタッフたちと共に、古澤のこと、子どもキャンプでのこと、古澤先生を偲ぶ会でのd夫のこと等、初対面とは思えない和やかな雰囲気で語り合う機会をもった。まさに世代を超えて開かれたHRLといえよう。

(2) 楽しかった子どもキャンプを胸に父親となる――e夫さん母子

e夫一家は現在、実家の隣町に住んでいるので、月に一、二回ぐらいのペースで、家族四人で実家に来ては夕飯を食べ、その後、一緒に百人一首をして遊ぶことが多いという。この百人一首の遊びは、母親の専門領域でもあることから、孫たちには嫌がられる程しつこく覚えさせたが、息子であるe夫は、学童クラブで遊びながら覚えたという。母親は、「学童で百人一首大会みたいなことをやってくれて、それで覚えた歌は今でも覚えているようですね」と振り返る。

母親が仕事をもっていたため、e夫は保育園に通い、小学校では学童クラブに3年生まで通っていた。

HRLの子どもキャンプには、母親の心配はあったが、5歳で参加させると、

Me夫:もう帰ってきたら大喜びで。それ以来、中里キャンプを、本当に指折り数えて待ってました。

と振り返る。

Me夫：k夫さんと家が近くになって、時折、やりとりがあって、母親同士でお会いして、お話したり、ちょっと一緒にお茶を飲んだりしていたんです。そのときも「いや、本当にあの頃、キャンプは楽しそうだったね。あれは行かせてよかったわね」って話しました。キャンプに参加していた小さい頃の、あの子の一番楽しかった思い出って、もしかしたら中里キャンプじゃないでしょうか。

とも語っているように、e夫は子どもキャンプに参加し続けた。

e夫が中学校へ入学する時に一家は転居したため、e夫はこれまでの友だちの全くいない中学校に入学した。当時を振り返り母親は、

Me夫：自分が40歳代になる頃、仕事も面白くなったというか、一番充実していた時だったので、仕事優先で毎日を送っていたようなところがありました。

息子が『寄稿集』に「すごく寂しかった」と書いていて、今になったらそれに気づいてやれなかったということが、やっぱり悔やまれます。もうちょっと子ども中心に考えてやればよかったのかな、と思います。

とも振り返っている。

そのように寂しい時期もあっただけに、子どもキャンプは、e夫にとって唯一救われる場であったようだ。そして小学校時代は子どもキャンプのスタッフを「日常生活の大人たちとは正反対の存在で、最高の遊び相手で、友だちで、理解者であった」と捉え、スタッフへの信頼を抱くようになった。中学生になると「同じ価値観を共有している子どもたちと、なんだかほっとする楽しい時間が過ごせる場所」へと彼のなかで子どもキャンプの意味が変化し、子ども同士での語り合いが充実していたようだ。

e夫：自分を信じてくれる大人のありがたさを知っている自分が、はたしてどんな大人になれるか、できるだけ子どもの可能性を信じてやれる父親になりたいと思っています。

と『寄稿集』に寄せている。それまでの子どもキャンプ体験から、e夫なりに望ましい大人のイメージや父親イメージを抱いたのだろう。大学でジャズ音楽に目覚め、卒業後もドラムを学んでいたが、結婚し、家庭を築く道を選んだ。そして40歳代の今、二児の父親として、子どもキャンプでの思いを抱きながら、日々の子育てを実践している様子が、母親が語る次の言葉から推察される。

Me夫：うちの息子は、イケメンじゃないけど、イクメンで、家族サービスをよくやっています。今の人は皆そうかもしれませんが、子育てにも凄く協力的です。本当に家族をとても大事にしてやっているんですよね。

Me夫：アウトドア派でキャンプに行ったり、スキーに行ったりとか。

e夫は小さい時から手先が器用で保育園の先生に褒められていたが、父親となり、幼稚園のクリスマスで親の手作りのものを贈るという時に、迷路の絵本みたいなものを作ったという。母親は、もうセピア色になったe夫の小さい頃の写真をピアノの上に飾っているが、そのなかの一枚は、「長寿園の廊下側の窓から、積み上げたマットレスの山へ飛び込んでいる瞬間、e夫が宙を飛んでいる空中写真」だそうだ。「そういうのが許されて、やはり子どもたちは楽しかったんでしょうね。いい思い出を作っていただいたと思います」と語っている。そして、今、祖母となった母親が願うことは、e夫に対して願っていたのと同様に、孫たちが「戦争のない平和な時代を生きていってほしい」ということだそうだ。

(3)　異文化の中での子育て――i子さん母子

i子は現在、ドイツの地方都市の郊外に住んでいる。i子は学生時代に、経営を学びに日本に来ていたドイツ人青年と知り合い、長い交際期間を経て日本で結婚した。二年後、夫の故郷に戻り、二人の子どもに恵まれた。これまでにi子一家が日本に帰国すると、i子家族と交流を数回重ねた他、i子の母親のインタビュー、2017年には私たちがドイツを訪問し、i子家族と生活場面での交流をした。

古澤先生を偲ぶ会には、ドイツのｉ子からメッセージが届いた。

ｉ子：今日は古澤先生を偲ぶ会に出席できず、また皆様とお会いすることも叶わず大変残念な思いで一杯です。ついこの間出産したため現在は育休中。もっぱら息子に翻弄される日々。泣き声で要求が分かるなんて嘘。出産後自然に痩せるなんて嘘。六カ月たてば夜授乳が無くなるなんて嘘。

と当時の状況が綴られていた。そして、

ｉ子：古澤先生は魔法使いでした。先生がいらっしゃるだけで代々木公園、Ｇ大学、子どもの城、中里村、どこに行っても、そこは魅力的な遊び場に早変わりしました。今、自分自身が母になり、息子から頼られそれに応える経験を経て、改めてもっと先生とお話しをしたかったと感じています。

と、ＨＲＬでの思い出と母親になってみて改めて古澤ともっと話したかったという思いが述べられたのである。ｉ子からのメッセージを受けとり、遠くドイツの地にも、古澤の蒔いた種が育っていることを感じるのであった。

i子は、現在、子どもキャンプで子どもとして自由に過ごしていた背景に、大人がそれを実現するために十分な準備をし、自分自身と向き合うミーティングを重ねていたことを知り、自分の子育てのなかでも、子どもの自由を支える大人の在り方について、自問自答を重ねているという。

i子の住む街は、石畳の道の美しい街並みが続く保養地である。街を出れば、緩やかな丘が続き、ワイン畑（ブドウ畑と言わないらしい）が広がっている。ワイン祭りには、移動式遊園地がやってきて、i子家族も楽しむという。

ドイツでは、昔ながらのさまざまなしくみが息づいている。教育制度にしても日本と違って、初等教育は四年間で、10歳で将来大学へ進学するギムナジウムに進むのか、職業人となるための中等教育学校に進むのかを決めなくてはならない。夫の実家は、カソリックでギムナジウムに進む家系である。日常でつき合う人々にも、古くからの階級意識のようなものがあるようで、このような社会で、夫の家系を引き継いでi子が子どもたちを育てていくのは、日本とは大きく異なる困難が推察される。

現在i子は、子どもたちの通う現地校で和服を着て茶会を開いたり、子どもたちの折り紙クラブを指導したりして、日本文化を紹介している。

i子の夫は日本で働いていたこともあり、日常語としての日本語は理解し話すことができる。子どもたちは、土曜日には日本語学校に通っている。週一日の頻度ではあるが、日本の小学校の進度に合わせて進むので、家庭での学習が欠かせない。

日本のi子の両親は、孫たちのためにしばしば子ども向けＤＶＤを購入し送ってくれるという。子どもたちは日本の子どもが見るのと同じＤＶＤを見て育っているのだ。また、日本から絵本を定期的に送ってもらっており、子どもたちは、父親に絵本を読んでもらうことを楽しみにしているという。そして、ｉ子は母親としての自分の思いや愛情を伝えたいという願いもあり、子どもたちはドイツ語と日本語の両言語のなかで育っている。

ｉ子の母は、ｉ子のＨＲＬ経験について、

Ｍｉ子：大人から禁止されなかったことが凄いことだったみたい。私が家で禁止がいかに多かったかと思うんですけど。（子どもキャンプは）面白い場所、解放区っていうのがあります。本当に財産ですよね。そういう記憶とか、経験をしてるっていうのは、たぶん今の子育てに凄くいい影響を与えていると思うんですね。肝心なところを抑えていれば、あとは子どもに任せても大丈夫だっていう外枠。そこさえ抑えておけば大丈夫っていう。（子どもキャンプで）開放された喜びみたいなことを経験してるというのは、凄く大きいことだったと思いますね。

と語っている。確かに、ｉ子は子どもたちの学校のボランティアにも積極的に参加しているが、そこではＨＲＬでの経験を活かしているという。子どもキャンプで子どもたちが自由に過ごすためにスタッフたちが行っていた準備や配慮、そして子どもの思いを受け止める覚悟は異文化でも共通であると考え、それをもってボランティアに臨んでいるというのだ。

一方、i子の夫は、カソリックの倫理観と法律家の家庭の厳格さのなかで育ち、子ども時代に窮屈な思いをしたため、自分の子どもたちには、彼ら自身の希望を叶えてやりたいと考えているようだ。i子の母は、i子の夫について、「子どもがやりたいことにはとことん寄り添い、その間に子どもができるようになっていく姿を見ると、実に感心する」と語っている。そこには、子どもの主体性・自己決定を尊重しようとするHRLの姿勢とどこか共通するものを感じる。i子がドイツ人青年との結婚を決意した背景には、そのようなバックボーンの共通性があったからなのかもしれない。

(4) 長期の関わりから母子それぞれにHRLを眺めて——f子さん母子

f子は今、専門性の高いライブラリアンとして大学の図書館に勤めながら、子育ての真っ最中にある。f子は幼い頃、近くの図書館に母親に連れられてよく通っていた。字を教えるとすぐ覚えたという。そして字がやっと読めるくらいの時にも、絵本を一人で読んで楽しみ、「ごはん!」と呼んでも本を読むのを止めようとしない子どもで、お気に入りの絵本が次々にできたという。

そんなf子は、長じて、「図書館で研究者をサポートする仕事」をするようになった。f子は、偲ぶ会で、HRLという縦断研究へ参加した(研究協力者である)ことと自分の仕事(研究者のサポート)との不思議な縁を感じると語っている。

母親もまた、

Ｍｆ子：もともと研究への協力を承諾したので、一般向けの成果というのは目にすることはなくても、学術論文などにまとまれば見れるのかしら、楽しみだなと思っていました。研究協力を続けてきたことの足跡が残ること、それが一番嬉しいことかと感じています。

と語っている。

古澤はＳグループでの経験を踏まえて、Ｊグループでも5歳時点からの子どもキャンプを考えていたが、協力を承諾した母親たちは、そこまでの長い関わり合いになるとは思っておらず、予想外のことだった。しかし、ｆ子は、毎年、子どもキャンプに参加することを楽しみにしていた。そんなｆ子は、偲ぶ会でＨＲＬについて、

ｆ子：毎年楽しみにしていて。何が楽しかったのか、今となってはいろいろあってよく分かりませんが、自由なことができるというのもあったし、いろんな話を徹底的に、皆でしゃべったのが、とても楽しかった覚えがあります。

ｆ子：私は東京生まれで、両親も東京と横浜の生まれだったので、田舎体験というのは中里村でしかしていなかったので、田舎の話っていうと、私のなかではもう中里村が私にとっての田舎です。そういう経験ができたことは、凄く私の人生にとって貴重なことだったと思っています。

と語っている。

母親は冒険遊び場（プレーパーク）の活動を長年してきた経験と、子どもキャンプを満喫していたf子の子どもの頃の姿や30歳代での言葉等とを重ねて、

Mf子：プレーパークをやっていても、（プレーパークで）遊んだ子どもたちがその後どうなっているのか、という話によくなります。（HRLの）あれだけの長い研究をすることに、協力できたっていうのも面白い不思議なご縁だと思います。そしてそれらが、どういうふうに活用されるのかっていうのも関心があります。できれば、成果を伺ってみたり、途中経過もお聞きしてみたいです。これから次の新しい世代の研究者の先生たちがどんなふうに進めていくんだろうと興味もあります。

と、語っている。

HRLの創始者であり、子どもたちからは「ゴリラ」や「おっちゃん」と呼ばれ、親しまれていた古澤は、2011年に他界した。だが、今もこうしてSグループとJグループのメンバーと古澤の志を継いだスタッフたちでHRLの活動は継続している。さらにそれだけでなく、元子どもたちの子どもの世代に至る三世代にわたる触れ合いへと広がっている。f子の「いい仲間を与えてくださったことに本当に感謝しています」という言葉は、両グループのメンバー、そしてHRLに関わったスタッ

フたちも、古澤とその依頼を承諾して下さった母親たちに対して心から抱いている気持ちではないだろうか。

終章　子どもキャンプで子どもと大人は何を体験したか

本書では、私たちが行ってきた子どもキャンプにおいて、子どもたちがどのように伸び伸びと過ごしていたか、それを支えた大人たちはどのようなことを配慮していたか、そこでは子どもと大人の関係はどのようであったかについて、子どもたちが20歳と30歳代から50歳代でキャンプ体験を振り返った時の各年代での捉えや意味づけから述べてきた。それは、「科学的」心理学を超え、子ども時代に一人一人の個、すなわち〝自己〟を育む一つの試みであったといえよう。父親との直接的な触れ合いが含まれていないという限界を踏まえた上で、最後に、現代を生きる子どもたちや子どもを取り巻く人々、特に保護者や教育・保育に携わる人々に、忙しい日常生活のなかでちょっと立ち止まり、「一人一人の子どもがその子らしく生きる」とは、どのようなことかを考えてほしいと考える。そのために、子どもキャンプでの子どもと大人が体験したことについて、以下に簡潔に整理を試みたい。

①子どもキャンプで大切にしてきたことと今日の子どもの置かれている状況

子どもキャンプで大切にしてきたことは、子どもは子どもなりに自分を表現しているが、その表現は決して子どもの在り方だけで成り立つのではなく、周囲の大人がそれをどのように受け止め、どのように働きかけるかによって異なってくる、と捉えることである。

そこでまず、子どもキャンプでは、子どもたち一人一人が「自分の行動を自分で考えて、自分で決めること」、つまり自己決定できるように、キャンプ生活での決まりや規制はできるだけ少なくした。そして、スタッフは大人の判断を押しつけるのではなく、子ども一人一人を分かろうとした上で、その子の活動を実現できるように見守り、支えるように努めた（パートI2章1）。

さらに、大人が子どもを分かろうとすることは、大人自身がすでにもっている見え方、感じ方を問うことと切り離すことはできず、「大人は自己を問うことなしに、子どもを問うことはできない」と考えた。このような子どもとの関わりをスタッフ間で共通理解するために、一人一人のスタッフが無意識にもっている感情、価値観、常識を吟味し合い、各自の枠組みを取り払い、子どもに接する時の自分自身の見え方や感じ方に気づき合うことを大切にしてきた。あくまで一人一人の子どもに寄り添うことができるように、まず大人自身が変化するよう努めることが試みられたのである（パートI2章2、パートⅢ7章1）。「大人自身の心的展開なくして、子どもの成長はない」というスタッフの基本姿勢があったことを強調しておきたい。

Sグループは1965年から1966年にかけた半年間に、Jグループは1976年から1979年の四年間に生まれたメンバーで、今日に至っている。時代的背景として、Sグループは生産性と効率性を求める高度経済成長期に生まれ、1970年代後半からの個人の欲求を満たすことを求める情報化・消費社会化への変化の時代を、Jグループはまさに情報化・消費社会化のただなかを、生きてきたことになる。情報化時代への変化は、Sグループの子どもたちへの連絡は当初、手紙や葉書であったのが、思春期以降は子ども同士では電話で連絡を取り合うようになり、成人以降ではＳＮＳ上にグループのページを立ち上げたこと、さらに、両グループが融合した現在では、メールやＬＩＮＥでの連絡へと大きく変わってきたことに、象徴的に表れている。

今日の子どもたちは、活字文化よりも映像文化が優勢となり、加えてインターネットが普及したことによりさまざまな情報を簡単に得ることができ、また、不特定多数の人とも匿名でやりとりできるようになった。実際の経験や体験のないままに、子どもたちが大量の情報に曝され、そのなかから的確な情報を選びだすことは容易ではない。子どもは家庭、学校、塾、地域に加え、バーチャル空間といった、次元の異なる場を行き来しながら生活している。しかも、それによってストレスを多く抱えているようにもみえる。バーチャル空間は、子どもの自分・自己を形成する場の一部にはなり得るだろうが、他者と関わり合う直接経験・体験は、今も、そしてこれからも、子どもたちが人として、生活者として生きる上で不可欠であると考える。

ＨＲＬの愚直ともいえる人と人との関わりを真摯に追求した姿は、今日の人間関係の結び方に一石を投じることになるのではないだろうか。

②日本文化の特徴とその育ちの要因

ヒトとして日本に生まれ、そして日本人として生きるとはどのようなことをいうのだろうか。たとえば、日本文化の特徴に相応しい行動をとること、つまり文化によって規定される「自己の在り方」を獲得することもその一つとみなせよう。日本文化での自己の在り方は、欧米文化とは大きく異なるといわれる。すなわち、日本文化では自己と他者の境界は曖昧で、周囲の目を気にして目立つことのないように、集団の一員として和を保つために同調したり、自己を抑制・我慢したりすることが求められる。一方、欧米文化では、自分と他者との境界は明確で、自分のユニークさを際立たせ、自己主張をすることが求められる。

では文化によってこのように異なる自分・自己の在り方は、どのようにして個人のなかに形成されてくるのだろうか。両文化の幼児期の自己主張と自己抑制・我慢の年齢変化をみると、日本では自己抑制・我慢することが年齢に伴って伸びていくが、自己主張はある年齢で頭うちになってしまうのに対して、欧米ではちょうどその逆であるという（佐藤 2001）。子どもが母親の期待に沿った行動をした時、つまり日本では自己抑制・我慢した時、欧米では自己主張した時、子どもは大人から褒められることが繰り返される。その結果、日本の子どもは自己抑制・我慢することを、欧米の子どもは自己主張することを自然と身につけていくことになる。言い換えれば、それぞれの社会で望ましいとみなされる行動は、日常生活での躾けによって無意識的に育まれる。それに対して、その逆の行動は意図的に育むべき教育課題として取り上げられたり、あるいは行き過ぎた場合は臨床的に問題とされたりするのである。

日本社会では、家庭でも、園でも、学校でも、大人は無意識的・意識的に子どもに自己主張するよりも我慢することを求めてきた。しかし、グローバル化が進む今日では、自分の考えをしっかりもち、それを他者にきちんと表現し主張できることが求められる。真の自己主張とは我がままとは違い、相手の話に耳を傾けよく聴いた上で、自分の意見を表現し主張し、両者が納得できる道を探るという姿勢である。喧嘩や議論はある意味で自己主張のぶつかり合いであり、自分のこだわりに気づいたり、自分の考えを明確にしたりすることを学ぶ機会でもある。しかし、近年では、就学前での喧嘩が少なくなったといわれている。それは子どもの感情の動きが乏しくなってきていることや、周囲の大人がネガティブな関わりを抑えようとする傾向が、真の自己主張を学ぶ機会を減じているからと思われる。

一方、子どもキャンプでは、決まりや規制を少なくし、子ども一人一人が自由に自分を表現し合うこと、すなわち真の自己主張が保障されていた。それゆえ、子どもたちは、やがて話し好き・議論好きとなっていった。あるメンバーは、長じて次のように語っている。「それこそ本当に同調しないじゃん、皆。一切同調しないでしょ。でも、それをよしとする和がある。それって和をもって同ぜずじゃないけど、昔の戦術でいったらすごい強いよね、HRLの場合は本当にそうだもんね。暗黙のルールはあるし、道徳もちゃんとあるでしょ」(パートⅡ6章1)。

社会的に望ましい行動を躾け等で大人が規制するのではなく、長い目で見た時、子どもたちがそれぞれに自己主張しながらも、互いに認め合い、生活の和が主体的に保たれるようになり得ることを、子どもキャンプは示しているといえよう。

③子どもとの愛着関係と信頼関係

乳幼児期に安定した生活のもとで、愛着を形成することがいかに大切であるかは、2011年3月11日の東日本大震災後の子どもの発達の経年変化からも示唆される。震災後に生まれた子どもは現在、小学生になっているが、宮城県下の公立小学校では、落ち着きのない子どもや不登校の子どもが全国平均を上回っている（宮城県 2019）。震災を実際に経験していないにもかかわらず、このような傾向は、どうして生じているのだろうか。彼らの乳幼児期に、周囲の大人は震災によって一変した生活環境への対応に追われ、落ち着いて子どもに向き合うことが難しかったため、子どもとの間にしっかりとした愛着・信頼関係を十分に結ぶことができていなかったことが一つの要因としてクローズアップされているのである。そして、震災後一年、三年、五年の時間経過とともに、直後には見えなかった子どもの心のケアの重要性が指摘されている。子どもが愛着を抱き、信頼できる人との関係を十分に築くことができなかったことが、児童期になってさまざまな問題が生じている原因と考えられている（足立 2020）。

ＨＲＬでは毎年繰り返される子どもキャンプで児童期に子どもたちが仲間の存在に気づき、互いに関心を向け合い、個々の特徴を認め合うようになっていった。そこには、５歳時から子どもキャンプ生活においてスタッフが全面的に一人一人の子どもの思いを受け止め、子どもとスタッフ間の信頼関係がしっかりと形成されていたことがベースにあったと考える。

④多様な人々と共に生きる

Ｓグループの子どもキャンプでは、子どもたちが小学校5年の時から相談室に通っている子どもたちが参加するようになったが、その時、スタッフは子どもたちに彼らについて何も説明しなかった。またスタッフは彼らに対しても、従来の子どもたちと同様に自己選択・自己決定を支えるようにした。

Ｓグループの子どもたちが彼らとどのように触れ合うようになっていったかは、20歳の時（パートⅡ

4章2）と40・50歳代（パートⅡ5章2）での振り返りに端的に示されている。メンバーの一人は「HRLでの経験のお陰で、世間で障がい者と呼ばれている人たちへの偏見はない。世間の大多数の人たちとは言動や考え方が少し違うだけで、単なる少数派であるだけだと思っている。彼らが、多数派の人間が決めたルールのなかで生きていく上では、周囲の手助けが必要になる。私だって、独りで勝手に生きているわけではない。多くの仲間たちに支えられ助けられて、生き続けているのである。仲間同士、助け合うのは当然のことであって自然なのである」と記していた。また、あるメンバーは親となって、障がいのある子どもとのインクルーシブ保育のなかで育った自分の子どもが、障がいのある子どもと自然に関わる姿を見て、子どもキャンプでの自分自身の経験、スタッフの姿勢等を重ねて、早い時期から一緒に生活することが真の共生へと繋がっていくことを実感していた（パートⅡ6章1）。今日、よく言われる「共生社会」への道の基本的な一歩であるといえよう。

子どもキャンプには、個性豊かな子どもたち、様々な背景をもつ年齢差の大きいスタッフたちが参加していたが、そこに相談室の子どもたちが加わったことで、より多様な人々の共同性が実現されていた。スタッフは、一人一人の子どもを信頼し、子どもと共に新しいことにチャレンジする等、互いに関わり合うなかで、子どもばかりでなく、スタッフ自身も学び直し、共に変容をしようとする関係が基底となっていたと思われる。

⑤子どもにとっての遊びと自然

今日の子どもを取り巻く物理的環境をみると、都市化が進み、自然と触れ合える遊び場が少なくなってきただけでなく、室内での電子ゲーム遊び等が広まり、日常生活において子どもが自然と触れる機会が益々少なくなってきている。

一方、子どもキャンプでは、自然豊かな山村という環境のもとで、また、天井は高く、何もない広々とした長寿園という生活空間のなかで、一人一人の子どもが一日の過ごし方を自己選択・自己決定することが保障されていた。それは、彼らにとって日常生活ではなかなかできないような冒険に挑戦できる時空間でもあった。決まりや大人による規制のほとんどないなかで、やりたいこと、やりたい遊びができるのである。このような遊びを通して、子どもを見守り、子どもと関わる大人は、深い子ども理解へと導かれる。たとえば、川の流れをじっと見つめている子どもの横顔の真剣さから、子どもの気持ち、そして意志の強さを読み取った時、大人が手を出すのではなく、子ども自身の力で挑戦し、前に歩み出すことをじっと見守り続けた（パートⅠ2章1）。子どもの行為そのものを支えることが、子どもの遊びの深化へ、さらに子ども理解の深化へと繋がっていくといえよう。

また、子どもは自然や自然物が好きだともいわれる。川でも穏やかに流れる所があれば、渦を巻いて勢いよく流れる所もある。大きな岩の上から飛び込んだ時には、全身で感じる水の渦の抵抗等、一人一人の子どもが感じる自然は、いろいろな場で、実にさまざまであった。たとえば、川原の石を拾い帰りのリュックが重かったことや、丸岩の苔や小さな虫に興味をもったことが語られている（パートⅡ6章2）。都会育ちの子どものなかには、長じて「中里は私にとっての田舎」「第二の故郷」というメンバーもいるように、自然との触れ合いは幼い時の鮮明な体験として残っている。

こうした子どもにとっての遊びの意味合い、特に幼児期から児童期に神流川の川原や叶山登山といった自然のなかで、広い宿舎のなかで、スタッフに支えられて、それぞれに思い思いの一日を創出することを繰り返してきたことが、長じて一人一人の人生の選択や子育ての基盤となっていったといえよう。

⑥「子ども・大人関係」から対等に語り合う「対話的関係」へ

最近の子どもの仲間関係は、インターネットの広がりにより、相手のちょっとした表情や語調の変化を感じられない間接的な関わりが増え、差し障りのない表層的な関係になってきている。相手に共感したり、葛藤したりして、自身の感情を深く関わらせることを避けているようにもみえる。

子どもキャンプでは、子どもたちが思春期になると、生活は大きく変わったことを述べた（パートⅡ4章1）。スタッフを排除して、子ども同士でありのままのお互いを知り合い、生と死や人生等を語り合うなかで、驚いたり、共感したりしながら相互の強い結びつきが生まれていった。そうした思春期の子どもたちの様子から、青年期で初めて子どもとスタッフが一堂に会して、人の心に関わるテーマについて共に考える「長寿学園自主講座」が何回か行われた（パートⅡ4章3）。それは何か正解があるという話題ではなく、考えるかどうかも一人一人に委ねられていた。しかし、これも一つの契機となって、彼らは自分たちだけで語り合い続けるのではなく、今度は逆にスタッフとの語り合いを求めるようにもなっていった。そして、子どもキャンプが行われなくなった成人期以降では、現在でも年数回の活動が継続され新たな気づきや学びが生まれている。たとえ何十年ぶりに再会するメンバーであっても、共通に体験した子どもキャンプ当時の感覚がすぐに呼び起こされる。子どもキャンプ体験は、世代を超えて、自分を見つめ、メンバーとスタッフ相互に影響を及ぼし合いながら、生涯にわたって変容し続ける対等に語り合う「対話的関係」となって、新たな意味を今でも生成しているのである。

今日、子どもが自分らしさに誇りをもち、「生きる歓び」を実感できるようになるためには、学校や保護者、大人の常識に縛られることなく、子ども自身が多様な人々と、自然と、事物と関わり合うなかで、「自分の目で見、自分の心で感じ、自分で考える」ことを取り戻していくことが大切であると考える。私たちが試みてきた子どもキャンプ、そしてHRLの活動は、子どもたち、そして長じてメンバーたちとなって、スタッフたちと共に、それぞれに「自分の目で見、自分の心で感じ、自分で考える」ことを実践する場の一つであったし、現在も在り続けている。HRLの活動として三世代までに広がっていくなかで、子ども時代に自分で考え、自分のやりたいことをやることができた体験をもつ第二世代の子育てを通して、父親も含めた子どもの育ちを見ることができつつある。子ども時代の体験は、世代を超えて伝えられていく。その意味でも、子ども時代を真に子どもらしく育つことは重要であろう。

ここで、再度、N夫の5、6歳での子どもキャンプのエピソードをみてみよう。

SM：… どうしようという顔で、じっとね、川の流れの真ん中辺を見つめていて、…もう真剣に、川の流れを、じーっと見つめているその横顔を見て、幼いけれどこの迫力はすごいぞと思いました。彼は、結局、入りましたよ。ですから、自然を前にしたとき … 本能的に大丈夫か、大丈夫でないか、でも行きたい、行く、という…。最後に決断するときの迫力、凄いですよ。…そのとき踏み出す力は、やはり子どものなかから湧き出てくるのですね。自然と対峙して、自分で行こうと決めたのだと思いますね。（パートI 2章1）

そして、40歳代になって、起業しながらも地域に密着した新たな活動を積極的に実践しているN夫自身は、次のように綴っている。

N夫：人生の重大な選択をする時に、中里村にいた時の自分を呼び戻し、その時の自分にどっちを選択するか聞きながら決めてきた。そしてその選択は間違っていなかったと思う。（パートI 2章3）

たとえ幼い子どもであっても、その子が踏み出す力は子どものなかから湧き出てくること、そうした子ども時代の自己決定体験は、長じて未知の問題に挑み、問いかけ、決断する基盤となっていたのである。

HRLの子どもキャンプと同じキャンプ体験を、今の子どもたちに提供することはかなわないが、現在、子どもに関わる大人たちがHRLで目指した「子どもに関わる時の基本姿勢」をもつことは、家庭でも、保育園・幼稚園でも、学校でも可能であろう。

最後に、児童文学者石井桃子氏のことばを、本書を紐解かれた方々、特に保護者や教育・保育に携わる人々、そして子どもたちに贈り、本書の提言としたい。私たちが子どもキャンプで子どもたちと出会い、共に生活者として過ごし、さらに生涯にわたる対話を続けてきたことを通して、彼らが「自分の目で見、自分の心で感じ、自分で考える」自律した人として歩み、それぞれに多様な困難に直面しながらも柔軟に乗り越え、まさに一人一人の個性豊かな人生行路を創出していることを実感するからである。

子どもたちよ
子ども時代を　しっかりと　楽しんでください。
おとなになってから　老人になってから
あなたを支えてくれるのは
子ども時代の「あなた」です。

石井桃子（2001年7月18日）

出典：中川李枝子・松居直・松岡享子・若菜晃子ほか（2014）『石井桃子のことば』新潮社

おわりに

本書は、1965年、および1976年より開始され、今日まで続く二つの縦断研究への協力を承諾して下さった第一世代18名（Sグループ8名、Jグループ10名）、子どもキャンプ等のHRL活動に参加した第二世代45名（Sグループ27名、Jグループ18名）と、子どもキャンプを支えたスタッフ35名（男性7名、女性28名）の、さまざまな年代での手記や語り等の資料を、スタッフの一員である藤崎と杉本が検討を重ね、約一年をかけて編集、執筆したものである。

2007年に『続 見えないアルバム』刊行のための寄稿集：HRL40年の歩み』を発刊して以来、13年が過ぎようとしている。この間に、残念なことにHRLを創始した古澤は2011年6月に他界し、その後は藤崎と杉本が中心となりHRL活動を継続してきた。仲間たちとの出版の約束をやっと果たすことができ、また、HRL活動は今後も続くが、一つの区切りとして亡き古澤先生の墓前に報告できることを嬉しく思う。

本書の出版にあたり、そもそも縦断研究への参加を了承して下さった第一世代の皆様、また、長年にわたり子どもキャンプに参加し、その後もHRLの活動の積極的参加者となり、スタッフとの触れ合いを「仲間」としてもち続け、今日に至った第二世代の皆さん、そしてHRLの活動に参加し、学び合ってきてくださったスタッフの皆さんに、心より感謝申し上げる。また、ＨＲＬの活動に関心を寄せ、本書の出版をご快諾くださった新曜社の塩浦暲様、そして編集の労を担ってくださった伊藤健太様に、お礼申し上げる。

最後に、今回の出版にあたり、特にＨＲＬの活動を支え、参加してきた仲間たちの氏名を以下に記す。すでに亡くなられた方もいるが、子どもキャンプから今日まで続くＨＲＬの基礎を長年にわたり築き、支えてくださったことへの感謝を込めて、仲間として記している。

メンバー

Sグループ　秋元裕之、内之倉満希子、奥野健一、黒沢絵美、桑田智雄、小林加那子
坂田剛、西山雅也、前原結子、山本和子、他５名

Jグループ　今井踏子、岩戸将和、久野早江子、菅田美紀、柴田俊、早出美樹、豊田大雄
中谷真希枝、中里美沙、平田正美、他２名

お母様

Sグループ　故秋元八重子、故池田はま子、故加藤三智子
坂田照子、高橋民世、長谷部一江、前原美奈子、黒澤美枝、黒澤郷士

Jグループ 今井幸子、久野美紀子、佐々木てい子、柴田みどり、関戸まゆみ、竹村はつ江
豊田芳子、中谷雅子、松原美智子、渡辺啓子

スタッフ

故古澤頼雄、故守永英子、故上野礼子
野田幸江
石井富美子、伊東真理子、河西恵子、齊藤富美子、原智子
太田茂行、中村美律子、佐藤加津子、松島安代
藤﨑眞知代、永田陽子、杉本眞理子
鈴木晶子、小林順子、石垣悦子、磯谷南海子

【注】

1　ゴダイゴ：1975年に結成された日本のバンド。日本の進歩的・革新的ロック・バンドの草分け的存在。1970年代後半から1980年代前半にかけてヒット曲を連発し、日本の音楽界に多大な影響を与えた。全曲英文歌詞の日本初のアルバムを出している。2006年に恒久的な再始動を宣言し、現在も活動中。

2　ボタニカルアート（Botanical Art）：「植物学的な芸術」という意味。植物学の立場から描かれていることに加えて、美しく魅力的に描かれたアートであることも重要で、植物が正確に、かつ美しく描かれた「植物の肖像画」といわれる。

3　自閉症がテーマのドラマ：「僕の歩く道」2006年10月〜12月フジテレビ系で放送された。

4　竹の子族、ローラー族：竹の子族とは、1970年代末から1980年代にかけて、野外で独特の派手な衣装でディスコサウンドに合わせて「ステップダンス」を踊るという風俗またはその参加者の総称。ローラー族は、「竹の子族」全盛の一年後の1981年に原宿に登場した。革ジャンにリーゼント、サーキュラースカートにポニーテールのファッションでロカビリー音楽にあわせてツイストを踊った。

5　英語ラボ：語学教育を展開する「(株)ラボ教育センター」は子どもに対し、主に英語を通じてコミュニケーション教育、異文化交流等を行う。世界で親しまれている物語を人の身体で表現する劇を、グループで作りあげる活動をする。

引用・参考文献

足立智昭（2020）発達性トラウマと愛着の理解を通じての、災害発生後における子どもとその支援者への心理支援のあり方　臨床発達心理士会全国研修会資料

ベッテルハイム、B（1968）『愛はすべてではない：情緒障害児の治療と教育』（村瀬孝雄・村瀬嘉代子訳）誠信書房

エリクソン、E・H（1977）『幼児期と社会1』（仁科弥生訳）みすず書房

エリクソン、E・H & エリクソン、J・M（2001）『ライフサイクル、その完結〈増補版〉』（村瀬孝雄・近藤邦夫訳）みすず書房

藤﨑眞知代・杉本眞理子・石井富美子（2019）「生涯的縦断研究における研究者と協力者との対話的関係性の構築：研究方法の一つの探索モデルとして」『発達心理学研究』30, 299-314

古澤頼雄（編著）（1986）『見えないアルバム』彩古書房

宮城県（2019）「平成30年度『児童生徒の問題行動・不登校等生徒指導上の諸問題に関する調査』（宮城県分）の結果について」https://www.pref.miyagi.jp/uploaded/attachment/760173.pdf

中川李枝子・松居直・松岡享子・若菜晃子ほか（2014）『石井桃子のことば』新潮社

杉本眞理子・上野礼子（編著）（2007）『「続　見えないアルバム」刊行のための寄稿集：HRL40年の歩み』未公刊

佐藤淑子（2001）『イギリスのいい子日本のいい子：自己主張とがまんの教育学』中央公論新社

杉浦　健（2004）『転機の心理学』ナカニシヤ出版
高橋　勝（2002）『文化変容のなかの子ども：経験・他者・関係性』東信堂

著者紹介

藤﨑眞知代（ふじさき・まちよ）

1976年日本女子大学大学院家政学研究科修了。1981年お茶の水女子大学博士課程人間文化研究科単位取得退学。お茶の水女子大学大学院助手、群馬大学・明治学院大学教授を経て現在、明治学院大学名誉教授。主な研究分野は生涯発達心理学、保育心理学。主要な著書に『子どもの発達心理学』（共著）新曜社、1993、『教育発達学の構築』（共編著）風間書房、2015、『臨床発達支援の専門性』（共編著）ミネルヴァ書房、2018、『見えないアルバム』（分担執筆）彩古書房、1986等がある。本書で取り上げたキャンプには大学院在学中から参加し、現在はその運営を杉本と共に担っている。

杉本眞理子（すぎもと・まりこ）

1976年日本女子大学大学院家政学研究科修了。帝京大学法・文・経済学部教職課程課講師・助教授・教授、文学部教授を経て、現在帝京大学教育学部教授。主な研究分野は発達心理学、幼児教育学。主な著書に『日本語を学びなおす』（共著）評論社、2004、『図説心理学入門［第２版］』（分担執筆）誠信書房、2005、『大学の指導法―学生の自己発見のために』（分担執筆）東信堂、2004、『見えないアルバム』（分担執筆）彩古書房、1986等がある。本書で取り上げたキャンプには大学院在学中から参加している。

新曜社

子どもの自由な体験と生涯発達
子どもキャンプとその後・50年の記録

初版第１刷発行　2021年３月16日

著　者　藤﨑眞知代
　　　　杉本眞理子

発行者　塩浦　暲

発行所　株式会社　新曜社
〒101-0051　東京都千代田区神田神保町3-9
電話（03）3264-4973（代）・FAX（03）3239-2958
e-mail：info@shin-yo-sha.co.jp
URL：https://www.shin-yo-sha.co.jp/

印　刷　星野精版印刷

製　本　積信堂

ISBN978-4-7885-1716-5 C1011